ATLAS

DE

TOUTES LES PARTIES CONNUES

DU

GLOBE TERRESTRE,

DRESSÉ

POUR L'HISTOIRE PHILOSOPHIQUE ET POLITIQUE DES ÉTABLISSE-MENS ET DU COMMERCE DES EUROPÉENS DANS LES DEUX INDES.

ATLAS

DE

TOUTES LES PARTIES CONNUES

DU

GLOBE TERRESTRE,

DRESSÉ

Pour l'Hiſtoire Philoſophique & Politique des Établiſſemens & du Commerce des Européens dans les deux Indes.

LISTE DES CARTES CONTENUES DANS CET ATLAS.

ANALYSE SUCCINCTE

DE

CET ATLAS.

POUR rendre le compte le plus sommaire que l'on pourra, de la construction de cet Atlas, on suivra, à peu-près, l'ordre dans lequel on a dressé chaque Carte, en disant un mot de chacune. Mais avant, il convient d'exposer les motifs qui ont engagé à placer sur ces Cartes, des lieux qui paroissent étrangers à l'*Histoire Philosophique & Politique des Établissemens & du Commerce des Européens dans les deux Indes* pour lequel elles sont faites expressément.

On n'a jamais multiplié ces lieux sans nécessité, & pour faciliter la recherche de ceux qui sont cités dans cette Histoire, on les a marqués d'un astérique *. D'ailleurs, il y a des pays que M. l'Abbé Raynal rend si intéressans, qu'on ne doit s'attendre ici qu'à une discussion purement géographique, sans entrer dans d'autres détails. On auroit eu trop à perdre en les comparant à ceux que donne l'Auteur. En outre, il ne seroit guère possible de placer dans ces pays d'autres villes ou autres positions que celles dont il parle, sans augmenter le nombre des Cartes. Dans ces cas, ce seroit se défier de l'attention du Lecteur, que de penser qu'il lui seroit plus facile de trouver un lieu qui l'intéresse actuellement, parmi nombre d'autres dont il n'a pas encore besoin, que de découvrir une position dans d'autres circonstances, parmi un moindre nombre de lieux, qu'il n'aura que rarement intérêt de connoître.

De plus, l'homme studieux sera quelquefois tenté, après une lecture intéressante, de proméner ses regards à l'entour du pays dont il vient

a

de voir la defcription, l'hiftoire, le commerce, &c. fes yeux ne s'y arrêteroient pas fans peine, fi, au lieu de riches peuplades, il n'y trouvoit que des déferts arides. Qu'il lui foit donc permis de fixer, quelquefois, fa vue fur quelques fites heureux. Si c'eft fortir du fujet, c'eft une efpèce de digreffion qui tend à l'inftruction & à l'agrément du Lecteur.

En méditant cette Hiftoire, foit en homme d'état, en philofophe, ou en commerçant, on voudra favoir les liaifons poffibles d'un pays qu'on vient de connoître, avec les contrées voifines; & comme un ouvrage philofophique offre un fond inépuifable de réflexions, on préfente à chacun, le foible fecours de quelques détails géographiques, avec une honnête abondance fans fuperflu, mais qui a paru préférable à l'étroit néceffaire.

Ces Cartes font affujetties à une projection uniforme & géographique: les degrés des parallèles gardent, avec ceux du méridien, le même rapport que fur la terre, & ces cercles fe coupent perpendiculairement; du moins autant que le paffage d'une furface convexe à une furface plane, a pu le permettre.

L'Italie eft fondée fur nombre d'obfervations aftronomiques, & fur un plus grand nombre encore de combinaifons géographiques très-étendues. On n'a point employé les obfervations céleftes, fans les avoir auparavant foumifes au plus févère examen. Sans cette attention, on s'expoferoit à dreffer les parties d'une même Carte fur une échelle différente: la majeure partie de ces obfervations s'eft trouvée d'une très-grande juftaffe. Il feroit inutile de nommer les fources où l'on a puifé le peu de détail que le format de ces Cartes a permis d'exprimer; en effet, à quoi ferviroit-il de dire qu'on a employé pour la Sicile, la Carte du Comte Schmettau, en quatre feuilles; qu'on a confulté pour l'état de l'Eglife, la Carte des PP. Maire & Bofcowich, en trois feuilles; pour l'état de Gênes, la grande Carte de Chafrion, &c. On reconnoît à peine ces originaux dans une fi grande réduction.

La Turquie d'Europe & celle d'Afie, font appuyées, principalement, fur vingt-deux points où l'on a fait des obfervations aftronomiques; ils font répandus dans l'étendue de ce vafte empire, ou du moins dans le champ de la Carte. Il y a quelques-unes de ces obfervations qui ont obligé de s'écarter de la route généralement fuivie: telles font, par exemple, celles de Trébizonde & d'Erzerum. Les PP. de Beze,

Dius & de Souatre ont donné la pofition de la première de ces villes. Le P. de Beze, qui a trouvé le moins de longitude; favoir, 42^d $58'$, a paru mériter la préférence. La connoiffance actuelle des tems, met Erzerum par 46^d $16'$. La difcuffion du local a contraint d'y confommer 1^d $40'$ de moins. Il auroit fallu ôter de cette longitude environ 7^d $15'$, fi on eût voulu fuivre à cet égard les Géographes d'Europe; mais pofer Trébizonde par 42^d $58'$, c'eft placer cette ville en général 5^d $30'$ plus à l'orient qu'ils ne la pofent, & il ne paroît pas que ce foit trop porter ce lieu vers l'Eft. Qu'on ouvre le voyage de Chardin, on y verra que ce judicieux voyageur, tout le long de fa route de Tauris à Ifpahan, place ces villes Nord & Sud : or les Géographes d'Europe, mettent Tauris environ 5^d $30'$ plus vers l'Oueft qu'Ifpahan. Cette capitale de la Perfe, fuivant de bonnes obfervations, eft par 50^d $12'$ de longitude, & par 32^d $40'$ de latitude. D'ailleurs les Géographes Orientaux, le Canon, le Géographe Turc, &c. placent Tauris plus à l'Eft qu'Ifpahan, au moins de 1^d $10'$.

Allant plus loin, le P. Gaubil, fuivant un voyage fait par des Mandarins Chinois, trouve les fources du Sirr par 77^d $36'$ pour le moins; nos Géographes les font fortir du fein de la terre au moins 5^d $30'$ plus à l'Oueft. Je pourrois citer plufieurs autres autorités auffi fortes, pour foutenir la pofition de Trébizonde du P. de Beze, fi elle en avoit befoin; mais celles qui précèdent fuffifent, d'autant plus que le témoignage des Géographes Orientaux & des Voyageurs, font ici du plus grand poids, leur fentiment fur-tout étant étayé par des obfervations aftronomiques.

L'obfervation décifive faite à Gurjet, fur le bord feptentrional de la mer Cafpienne, montre que le Nord de cette mer étoit à-peu-près bien placé fur les Cartes. Il faut donc que la mer Cafpienne ait été mal orientée, fur la Carte levée par l'ordre de Pierre le Grand; ou il faut que Chardin & tous les Géographes Orientaux fe foient trompés de quatre ou cinq aires de vent, dans le giffement de Tauris & d'Ifpahan; que les obfervations des PP. de Beze & Dius ne foient d'aucun poids, & que le P. Gaubil fe foit trompé, fur la pofition des fources du Sirr, de près de 6^d qu'il n'ait eftimé entre Hami, où l'on a fait des obfervations précifes, confirmées par des triangles venant de la Chine, qu'il n'ait eftimé, dis-je, entre cette ville & cette fource, que 14^d en longitude, tandis qu'il y en auroit eu réellement 20. La réputation du judicieux Chardin, l'exactitude de l'obfervateur de Beze, les lumières des

Géographes de ces contrées, l'habileté connue de l'Aſtronome Gaubil, ne permettent pas de le penſer. On feroit ſatisfait d'être toujours d'accord avec les Deliſle, les Haſius, les d'Anville, &c. de ſuivre les traces de ces Géographes célèbres ; mais on eſt forcé ici de s'écarter de leur avis, & de ſacrifier ſon reſpect pour leur opinion, à la perſuaſion de la vérité.

L'emplacement de Conſtantinople a augmenté de 14′ en longitude, & celle de Smyrne de 12′, par des moyens indépendans de la poſition de Trébizonde. Ils ſont fondés ſur des diſtances aſſez multipliées pour être exactes & partant des divers points déterminés dans l'Archipel ; mais le détail en eſt trop long pour qu'il puiſſe trouver place ici.

En référant même Conſtantinople & Smyrne, à Trébizonde & à tous les points déterminés dans l'Archipel, on trouveroit l'augmentation précédente de 86′, 4 pour Conſtantinople, & de 54′, 3 pour Smyrne ; on a préféré la moindre, parce qu'elle favoriſe davantage les obſervations de M. de Chazelles & celles du P. Feuillée. D'ailleurs elle eſt déduite de nombre de diſtances, priſes dans une région mieux connue, & qui ſont à-peu-près cinq fois plus courtes, que celle de Conſtantinople & de Smyrne à Trébizonde. Les autres changemens, à cet égard, ne ſont pas aſſez conſidérables pour en faire mention. On ajoutera ſeulement, qu'aux points donnés par des obſervations céleſtes, on en a déterminé trente autres avantageuſement placés, par des combinaiſons géographiques fort étendues.

L'ESPAGNE ſe fonde ſur douze points déterminés aſtronomiquement, ou par les horloges marines, dirigées par MM. de Fleurieu, de Verdun, de Borda & Pingré ; ſans y comprendre les frontières de France, appuyées ſur des triangles exacts, ni les points qu'a donnés une chaîne de diſtance maritime, de Collioure à Gibraltar, qui m'a été communiquée il y a environ vingt ans.

LES ISLES CANARIES & celle de MADERE ſont appuyées, les premières, ſur les obſervations du P. Feuillée, vérifiées par les horloges marines conduites par les hommes habiles dont on a parlé ; & la ſeconde, ſur les obſervations de M. Borri, confirmées par les mêmes horloges marines.

Le détail qu'on a de la Guinée, ſelon les meilleures Cartes & par les Voyageurs les mieux inſtruits, a été aſſujetti à la longitude de l'iſle de Gorée, donnée par MM. de Fleurieu & Pingré, & conſtatée depuis par MM. de Verdun, Borda & Pingré. Cette iſle étoit portée trop à l'Eſt

d'environ 20 minutes fuivant les obfervations de MM. Varin du Glos &
Deshayes. L'Aftronomie n'a pas encore éclairé de fon flambeau cette
vafte étendue de côte , c'eft pourquoi , pour enchaîner entre eux les
divers objets compris dans ce grand efpace on a été obligé de partir de
l'ifle de Gorée, & de fixer, par des diftances multipliées, les principaux
caps & le fond des golfes les plus remarquables ; on a même étendu ce
moyen jufqu'au cap de Bonne - Efpérance, dont la longitude eft bien
fûre, afin de pouvoir corriger les pofitions comprifes entre les deux lieux
déterminés s'il étoit néceffaire. Parmi ces points eft fitué le cap Négro,
qu'on a de plus rapporté à l'ifle Ste. Hélène, dont la longitude, fuivant
MM. Halley, Mafon & Dixon, eft exactement de 8^d $12'$ occidentale de
Paris. Quelques routes entre cette ifle & ce cap ont donné, à fort peu
près au cap Négro, la même longitude qu'auparavant.

Pour décrire la côte orientale d'Afrique, depuis le cap de Bonne-Efpé-
rance jufqu'à Melinde, avec le canal de Mofambique, on s'eft appuyé,
avec une entière confiance, fur la longitude de ce dernier cap, extraite
des obfervations nombreufes de MM. de la Caille, Mafon & Dixon.
Quant à l'ifle de Madagafcar, on a trouvé, d'après cinq des meilleures
Cartes de cette ifle, que de Terra del Gada à Foule - pointe, il y avoit
au plus, 4^d $24'$, 5; & que de Terra del Gada à Antongill, il y avoit
auffi au plus, 4^d $51'$, 5. Enfuite on a arrêté la pofition de l'ifle entière
par rapport au ciel, felon l'obfervation d'une éclipfe de Lune de M. d'A-
prés, faite à la baie d'Antongill, & felon les obfervations de MM. le
Gentil & d'Agelet, à Foule - pointe & à la baie d'Antongill, & celle
d'une éclipfe de Lune, de M. Heatcot à Terra del Gada, on a vu que
cette dernière obfervation donnoit la longitude trop foible d'environ un
demi degré. On a fixé enfuite la pofition du cap des Courants & celle
de Mofambique, par leurs diftances difcutées, aux points les plus proches
de Madagafcar.

L'Inde en deça du Gange, s'appuie fur les longitudes de Surate &
de Goa, la première déduite du paffage de Mercure fur le Soleil par
Shakerlæus, le 3 Novembre 1651, conftatée par quelques obfervations
plus modernes, dues au Jéfuites, ainfi que la feconde, elle eft extraite
des obfervations du P. Noël, & de quelques autres Miffionnaires. D'a-
près ces dernières, MM. Lieutaud & Defplaces, en ont conclu 71^d $25'$,
M. de la Hine en a tiré 71^d $30'$, & M. Hurris en a déduit 71^d $35'$. En
comparant ces obfervations à la diftance & au giffement de ces villes,

on s'eft cru obligé de prendre, pour Goa, 71^d 31'. Enfuite on a arrêté la longitude de Pondichery, fuivant dix bonnes obfervations ; elles ont donné 77^d 36' 8. Comme Trinquemalay eft 1^d 22', 1, plus ou eft que Pondichery, cela a fixé l'emplacement de l'ifle de Ceylan. Près des bouches du Gange on a la longitude de Calcutta de 86^d 14' par une feule émerfion du premier fatellite de Jupiter, & fa latitude de 22^d 34', 7 ; celle de Chandernagor par les obfervations nombreufes du P. Boudier ; celle d'Iflamohad fur la rivière de Chatigan, par le paffage de Venus de 1761, & celle de Dinapoor, par le paffage de Venus en 1769. Ces deux derniers points ne fe trouvent pas dans ces Cartes-ci : mais ils ont fervi à préparer les matériaux employés dans leur conftruction. Delhi eft appuyée fur l'obfervation d'une éclipfe de Soleil par le même P. Boudier, & plufieurs autres lieux fur la route en allant de Chandernagor à Delhi, ont été fixés par lui-même, fuivant la longueur & la direction du chemin, étayées par les obfervations de latitude de Patna, de Benarès, d'Ellabad & d'Agra. En un mot, on a employé, dans les deux Cartes de cette prefqu'ifle, douze points où il y a des obfervations de longitude & de latitude. Quelques-unes des longitudes dont on doutoit ont été conftatées par des diftances, comme cela doit toujours être, avant que d'en faire ufage.

On a encore déterminé à l'occident de l'Indoftan, les pofitions de Gazna, de Caboul, de Kandehar, de Multan, de Diul - Sindi, de Manfora, &c. fuivant les Géographes Orientaux, tels que font les Etvals, le Canon, le Géographe Turc, Ibnifayd, Ebulfeda, &c. combinés avec les meilleures Cartes modernes, & avec les Voyageurs, en les référant aux lieux voifins, déterminés par l'obfervation des aftres. Le furplus a été fixé, avec foin, par des moyens purement géographiques. On a été obligé de mettre en fupplément & à plus grand point, les bouches du Gange qui, dans la Carte, n'étoient pas fuffifamment détaillées, pour répondre à la multitude de recherches que renferme l'Hiftoire Philofophique.

Pour décrire l'Arabie, la Mer Rouge & le Golfe Perfique, on eft parti de Moka, dont la latitude a paru, d'après dix témoignages différens, être de 13^d 28' ; & la longitude de 41^d 41', 2 au moins, felon le réfultat de combinaifons étendues : par une fuite de ce travail, Gedda, ville célèbre, port de la Mecque où des Arabes placent le premier méridien, eft par 37^d 1', 5 de longitude, & par 21^d 35', 6 de latitude.

Suez, par fes diftances au Caire & à Alexandrie, dont les pofitions font fûres, a 30ᵈ 19′ de longitude & 20ᵈ 50′ 4 de latitude; c'eft ainfi qu'on a fixé le giffement de la Mer Rouge. L'Egypte, la Nubie & l'Abiffinie, font l'extrait d'un long travail antérieur, dans lequel ont été déterminées avec foin, les principales pofitions de ces Etats. On n'y a ajouté ici que les largeurs de la Mer Rouge, prifes en divers endroits; par exemple, fa plus grande largeur au-deffus & près de Gedda, s'eft trouvée de 137ᵐ ou minutes de l'Equateur. Enfuite de Moka, on a conclu la longitude du cap Guardafui, fuivant des routes de navigation; & la côte au Sud du golfe Arabique, a été rectifiée par des diftances liées & par quelques obfervations de latitude: puis, pour fixer le cap Raz-al-gate, on s'eft étendu depuis Moka jufqu'à Surate, afin de placer ce cap d'une manière femblable à celle qu'il occupe en général fur les Cartes géographiques & marines les plus eftimées. Du cap précédent, revenant vers l'Oueft, on a fixé le cap Moçandon & Baffora, en s'appuyant d'un bout fur le cap Raz-al-gate, & de l'autre fur le Caire, afin de fituer les deux extrémités du golfe Perfique, femblablement à ce qu'ils font en général fur les meilleures Cartes. On a vérifié la pofition de Baffora, en pofant cette ville comme ci-devant, & à l'aide des Géographes Orientaux, rélativement à Ifpahan & à Gedda; puis on a pris le milieu entre les deux pofitions réfultantes & très-voifines de Baffora.

Pour figurer les ifles de la Sonde & les Moluques, on a la longitude de Batavia par le paffage de Venus de 1769, par d'autres obfervations & par des routes; celle de Malaca eft au plus de 100.ᵈ Pulo-Condor eft 5 à 8′ plus orientale que Batavia, felon cinq indications différentes, & en fortant du champ de la Carte, on a Manille par 118ᵈ 31′, fuivant les obfervations de M. le Gentil. Cette dernière pofition avec celle de Pulo-Condor, ont fervi à placer convenablement l'ifle Borneo & les Philippines. Tout ce qui eft à l'orient de Batavia & de Manille, eft fondé fur les routes des Navigateurs & fur les Cartes des Hollandois, qui fréquentent prefque feuls ces parages. On a cependant emprunté du voyage Anglois du Capitaine Foreft, la pofition de l'ifle Manafwary, fituée à la côte du Nord de la Nouvelle-Guinée, & la pofition de Bunwot près de Mindanao. Du refte, la pofition d'Achem dépend de fes diftances à Malaca, à Batavia, à Pondichery & à Trinquemalay.

La Chine, la Tartarie Chinoife, la Corée & le Japon, ont pour type, principalement, l'Atlas Chinois du P. Duhalde, auquel on s'eft feulement permis de changer la longitude de quelques lieux, tels que font Canton, Macao, Pekin, Tayovan dans l'île Formofe, l'île Tfummin, &c. ces changemens font trop peu confidérables pour mériter quelque attention. Le Japon vient en grande partie de Kempfer, appuyé fur la longitude de Nangufaki, de 126ᵈ 26′, du P. Spinola, & fur celle d'Ofaca, rapportée par Harris. La Tartarie Chinoife eft affujettie aux obfervations faites fur les frontières de la Chine, à la longitude de Selinginsk, par M. Rumouski; à celle d'Hami, par les PP. Jéfuites, & à quelques autres.

La Hollande a pour fondemens les longitudes & les latitudes d'Alcmaer, d'Amfterdam, d'Anvers, de Bergopzoom, de Leyde, de Malines, de Middelbourg, de Nieuport, d'Oftende, &c. & des latitudes exactes de Breda, de Bruges, de Delft, d'Enchuifen, de Goes, de Harlem, de la Haye, de Maftreik, de Roterdam, &c. Pour avoir l'emplacement de la plupart de ces lieux, on a fait ufage des mefures de Snellius, revues par Mufchenbroek & par M. Caffini de Turi. Ces points ont arrêté le détail qu'on a puifé dans les meilleures fources.

Les Isles Britanniques s'appuyent fur les obfervations anciennes & modernes qui ont été faites à Londres, à Greenwich, à Oxford, à Edembourg, à Leeds, à Shirburn, à Leicefter, au cap Lézard, à Glafcow, à Liverpool, à Eftdercham, à Portsmouth, à Cavan en Irlande, & Douvres, eft déterminé par les triangles fondamentaux de la Carte de France de l'Académie. Quant au détail, il vient des meilleures Cartes Angloifes.

La Perse, la Géorgie & la Tartarie indépendante participent vers le Nord-Oueft, au changement de 5ᵈ 30′ dont on a parlé. On s'eft appuyé fur 30 à 40 points dans le champ entier de la Carte, déterminés ou par des obfervations aftronomiques, ou par des combinaifons géographiques, dans lefquelles font entrés, pour beaucoup, les Géographes Orientaux, ou bien ces points font extraits de quelques voyages. Les pofitions depuis Gitï jufqu'à Hami, par exemple, viennent du Père Gaubil, & font tirées des obfervations mathématiques, aftronomiques, géographiques, &c. par le P. Souciet. Le peu de connoiffances nouvelles qu'on a de la Tartarie indépendante font dues aux Miffionaires de la Chine.

La France a pour bafe les triangles de l'Académie; on l'a divifée par généralités, plus analogue à l'Hiftoire Philofophique & Politique que toute autre divifion.

Les

LES ISLES de France, de Bourbon & de Rodrigue, font repréfentées en particulier au haut de la feuille qui les contient. Afin qu'on puiffe juger facilement de leur pofition relative entr'elles & par rapport au ciel, on a tracé au-deffous, fur la même planche, une Carte générale de ces ifles, avec leur longitude & leur latitude. M. l'Abbé de la Caille a déterminé les points principaux de l'ifle de France ; il a déterminé S. Denis en l'ifle de Bourbon, & il paroit que l'on doit à M. Pingré le plan de l'ifle Rodrigue, où il obferva le paffage de Vénus en 1761.

LE NORD de l'Europe s'appuie fur les longitudes & latitudes obfervées de trente-fix lieux differens, & fur les latitudes exactes feulement de quelques autres. On a fait la longitude de Copenhague de 10ᵈ 14′, 0, d'après des obfervations nombreufes qui ne paroiffent laiffer aucun doute. La longitude de Hambourg paroît devoir être exactement de 7ᵈ 35′ 2 égale, à ¼ de minute près, à celle que donne le commencement de l'éclipfe de foleil de 1764, calculée par M. du Séjour, fuivant fa méthode ingénieufe. La longitude de Dantzick eft de 16ᵈ 18′, 5, felon le réfultat de toutes les obfervations de ce genre qu'on a pu connoître, faites en cette ville par Hevelius. La longitude de Gothenbourg a paru devoir auffi fouffrir un léger changement. En outre, lorfque les points précédens ont laiffé de trop grands efpaces, dépourvus d'obfervations pour y fuppléer, on a, par des moyens géographiques, arrêté quelques points choifis, en s'affujettiffant aux points obfervés ; & même on s'eft étendu fur les lieux déterminés dans les régions voifines extérieures à cette Carte, pour arrêter plus fûrement l'étendue des contrées qui y entroient.

L'ALLEMAGNE & la HONGRIE ont pour bafe la belle fuite de triangle de M. Caffini de Turi, depuis Paris jufqu'à Presbourg, en l'affujettiffant à la longitude & à la latitude de Vienne, données par le Père Hell. La perpendiculaire à la méridienne de l'obfervatoire prend, par cet affujettiffement, une foible inclinaifon vers le Sud, fur le premier vertical de Paris. Cela vient, fans doute, de ce que la Terre étant applatie vers les pôles, cette perpendiculaire eft une courbe à double courbure ; cela peut venir auffi de l'attraction différente des terreins fur lefquels on a obfervé, & encore des erreurs prefqu'inévitables dans les longues fuites d'opérations. Cette Carte s'appuie en outre fur les triangles mefurés par le Comte Schmettau, & par les frères Rhode, Géographes habiles de l'Académie de Berlin, depuis la Heffe jufqu'en Siléfie. En comparant ces réfultats géodéfiques aux lieux déterminés par des obfervations aſtronomiques ſuffiſamment répétées, on n'y a trouvé en général que 36″ de degrés de différence, tant en plus qu'en moins, ce qui prouve l'exactitude de ces réſultats. La partie de l'Allemagne qui confine à la France eſt fondée ſur les triangles de l'Académie, & l'on a vu ſur quelle baſe la Hollande eſt appuyée. La côte de la Mer Baltique qui baigne l'Allemagne y a les mêmes fondemens que ſur le Nord de l'Europe. Le reſte de cette Carte a pour baſe les obſervations faites à Genève, Zurich, Prague, Nuremberg, Breſlau, Zeitz, Jena, Lindau, Erfurt, Gratz, Schwezingen, Wurtzbourg, Cremſmunſter, Sagan, &c. Il y a encore en Hongrie, Bude, Waraſdin, &c. & dans l'étendue de la Carte, Bu-chareſt en Walakie, Jaſſi en Moldavie, Warſovie, Wilna & Kaminiec en Pologne, ſur leſquels on s'eſt appuyé avec avantage.

L'Europe eſt l'abrégé des Cartes particulières des divers Etats qui compoſent cette partie intéreſſante du monde.

Les Isles Philippines, le Tunquin, la Cochinchine, &c. s'appuient au Nord de la côte méridionale de la Chine & ſur Siam. J'ai raſſemblé les obſervations faites en cette ville, & les concluſions qu'en ont tiré divers Aſtronomes, & je n'ai trouvé, pour la longitude de Siam, que 98ᵈ 15′, 4, c'eſt 22 ou 23′ de moins qu'on ne lui donne com-munément. A cette longitude ſuccède celle de Mergui de 95ᵈ 35′, 7, fondée 1°. ſur une ſeule immerſion du premier ſatellite de Jupiter par M. d'Aprés, laquelle donne environ 24′ de trop; 2°. ſur cinq routes de Pondichery aux iſles Caboſſes; 3°. ſur des combinaiſons tendantes à placer Mergui entre Siam & Pondichery, ſemblablement aux Cartes les plus eſtimées; 4°. ſur une éclipſe de Lune obſervée à Louvo & à Mergui, par les Jéſuites. Le Nord-Eſt de la Carte n'eſt appuyé que ſur des combinaiſons géographiques, portant des points fixés aux bouches du Gange d'un côté, & de l'autre s'appuyant ſur Mergui, Siam & Canton. L'iſle de Bunwot vient de la Carte du Capitaine Foreſt, comme on l'a déjà dit. Les iſles Marianes, qu'on a mis ici en ſupplément, ſont tirées de la Carte qui accompagne l'hiſtoire de ces iſles en 1700, par un Jéſuite Eſpagnol. La différence en longitude de Manille à Guam, eſt de 21ᵈ 15′ à 20′, ſuivant la diſtance qu'y trouvent les gallions de Manille.

L'Empire de Russie a pour baſe les obſervations de longitude & de latitude d'environ 34 points différens, répandus dans les commen-taires de l'Académie de Péterſbourg. Ceux ſur leſquels on pouvoit élever quelques doutes, ſoit par le petit nombre d'obſervations ou à cauſe de leur difcordance, ont été conftatés, vérifiés ou corrigés, par les diftances prifes fur les Cartes de MM. Strahlenberg, Kirillow & fur l'Atlas Ruffien. Très - peu ont eu befoin de reforme fenfible. On s'eft appuyé comme à l'ordinaire, quand cela a paru avantageux, fur les points fixes des Etats voifins, afin de repréfenter plus exactement les confins de la Carte où l'on manquoit d'obfervations.

La Carte d'Asie eft la réduction fidelle des Cartes particulières qui en contiennent le détail.

Le Golfe du Mexique eft appuyé fur plus de quarante points, donnés par des obfervations aftronomiques ou par les horloges marines; on remarquera fur ces obfervations, qu'ayant rapporté au Fort-Royal de la Martinique toutes les obfervations du Père Feuillée, celles de MM. Duglos, Varin & Deshayes, y ayant joint de plus les obfervations des horloges marines, par MM. de Fleurieu, de Verdun, de Borda & Pingré; les obfervations de la Lune de MM. de Verdun, de Borda & Pingré, & le réfultat d'une occultation de ♎ du Sagitaire du P. Feuillée, calculé par M. Mechain, on eft parvenu à réunir quarante obfervations fur ce point, d'où l'on a été obligé de conclure la longitude du Fort-Royal de 63ᵈ 27′, 3, telle que M. le Chevalier de Fleurieu l'avoit déduite en 1769, des obfervations du P. Feuillée, confirmées par les horloges marines. En outre, dans le paffage de Vénus de 1769, & dans les obfervations de la hauteur de la Lune, comparées à celles qui furent faites alors à Paris & à Oxford, ayant trouvé quatorze fois la longitude du Cap-François, on a conclu fûrement 74ᵈ 37′, 2. En effet, la différence en longitude entre le Fort-Royal & le Cap-François eft certainement de 11ᵈ 9′, 9, felon le rapport combiné des horloges marines, par MM. de Fleurieu & Pingré en 1769, & felon MM. de Verdun, de Borda & Pingré en 1771; or, la longitude du Fort-Royal, fondée fur quarante obfervations, & celle du Cap-François appuyée fur quatorze réfultats, admettent précifément la même différence: cela paroît rendre invariable la pofition abfolue de ces deux points.

La Vera-Crux fe trouve ici par 99ᵈ 37′, 6, felon fept obfervations anciennes & modernes, tant céleftes, qu'avec les horloges marines, & s'accordant très-peu entr'elles, c'eft pourquoi on y a joint fept autres conclufions, provenant de moyens géographiques, concourant à placer cette ville entre les points fixés autour d'elle, d'une manière femblable à celle que ce lieu tend à occuper fur cinq des meilleures Cartes; cela a donné la longitude précédente., plus sûrement que par les observations seules , & peut-être même très-exactement.

Par des moyens qui ne permettent guère le doute, il y a en longitude entre la Havane & la Nouvelle - Orléans , 8^d $9'$, 6 , ce qui a donné lieu de rapporter les observations de l'une de ces villes à l'autre , & l'on a trouvé la Nouvelle-Orléans par 92^d $23'$, 6, & la Havane , par 84^d $14'$, 0, chacune d'après 11 données.

Aux quarante points annoncés ci - devant , on en a joint d'autres, appuyés sur des combinaisons étendues ; de ce nombre sont en Floride , St. Augustin , le cap Canaveral, la pointe de Floride , celle de Janche , la pointe des Afies , celle de Sta. Lucia & la pointe de Meneses près de St. Marc. Entre St. Augustin & la Nouvelle-Orléans , on a aussi déterminé la pointe de Meneses , la pointe aux Chevreuils , dans la baie de St. Joseph où l'on a une observation de latitude , le cap de l'Est formé par la baie de Ste. Rose , Pensacola , l'entrée de la Mobile , l'isle Dauphine & les ruines du Fort de la Balise aux bouches du Mississipi. On avoit de plus , pour se guider dans ce trajet , les observations de M. Baron à l'entrée de la Mobile & à la Nouvelle-Orléans , l'éclipse de Lune observée par Serex à l'isle Dauphine ; lesquelles , avec les distances , se sont corrigées réciproquement. On a encore fixé , par des moyens géographiques , divers points des isles Lucayes , sur la direction du Cap-François à St. Augustin. On a aussi arrêté , de proche en proche , des points sur la côte du Nord de l'Amérique Méridionale , & cela depuis la Barbade jusqu'à Portobelo , & l'on doit prévenir que la longitude de la Barbade a paru devoir être plus grande d'environ 15 minutes de degré que suivant l'observation de l'éclipse totale de la Lune du 8 Août 1729, par M. Stevenson. Dans cette longue traversée on a trouvé l'isle Tabago trop voisine de l'isle de la Trinité , sur la très-bonne Carte Espagnole de 1775, en huit f. d'aigle. On y trouve 4 lieues ⅓, & il doit y avoir, à très-peu près, 9 lieues ; cette distance est donnée par divers Navigateurs. Sur cette côte se voient Porto - Cabeillo , l'isle Roca , celle de Curaçao , St. Marthe & Carthagène , où il y a des observations ; elles ont été naturellement analysées par la discussion des distances qui séparent ces points. Entre Portobelo & la Vera - Crux , on a déterminé le cap Gracias-à-Dios , le cap Catoche & le cap Desconocida ; enfin , au Nord de la Vera-Crux , on a encore arrêté deux des principaux points de la côte occidentale du golfe du Mexique. On a regreté de ne pouvoir entrer dans aucun détail fur tous ces divers objets. On y pourroit voir l'attention qu'on a porté fur chacun d'eux , le choix des méthodes , felon les circonftances , l'étendue du travail & des recherches , &c. On a mis dans l'angle fupérieur, à droite de cette Carte, les ifles Ber- mudes en fupplément , & fur une plus grande échelle que celle du golfe du Mexique. Ces ifles viennent de la Carte d'Emanuel Bowen ; mais on a été obligé de l'orienter, le méridien a paru y faire , avec le véritable , un angle d'environ 17ᵈ du Nord vers l'Eft. La longitude de St. Géorges- Town , fuivant deux éclipfes de Lune , en 1722 & 1726, eft de 67ᵈ 14′ à l'occident de Paris.

LE MEXIQUE s'appuie fur les points fixés précédemment à la côte de l'Oueft du golfe du même nom ; fur Panama , fur Acapulco , qu'on a fixé comme il fuit : On a pris avec foin , d'après les cinq meilleures Cartes, la diftance de la Vera-Crux à Mexico ; celle de la Vera-Crux à Acapulco , & celle d'Acapulco à Mexico. On les a d'abord trouvées refpectivement de 193ᵐ, 7 : 257ᵐ, 5 : 173ᵐ, 3. Connoiffant d'ailleurs les latitudes de ces villes , on a cherché les différences en longitude qui les féparoient ; il s'eft trouvé entre la Vera-Crux & Acapulco, 3ᵈ 35,′ 45. entre la Vera-Crux & Mexico , 2ᵈ 59′, 0 ; & il a été facile d'appercevoir que les diftances précédentes étoient trop grandes d'environ un dixième. Cela donne la longitude d'Acapulco de 103ᵈ 13′, 0 , & celle de Mexico, de 102ᵈ 36′, 6. Pour confirmer cette dernière longitude , on a réuni celles qui font indiquées par d'anciennes obfervations d'éclipfes de la Lune , avec l'obfervation de l'éclipfe du Soleil de 1769, par Don Alzate ; avec l'obfervation d'une éclipfe du premier fatellite de Jupiter , par M. l'Abbé Chappe ; avec l'obfervation du paffage de Vénus , par Don Alzate ; & on a cru devoir encore , pour fixer l'inconftance de ces obfer- vations , y joindre fept conclufions réfultantes de combinaifons géogra- phiques , analogues à celles qui ont été faites fur la Vera-Crux , & on a retrouvé la même longitude que ci-deffus. On n'a pas oublié le point important & bien déterminé de St. Jofeph en Californie , où M. l'Abbé Chappe a été victime de fon zèle pour les fciences. Après on a déterminé, par des moyéns géographiques , le lieu que doit occuper le cap des Courans , celui de l'embouchure de la rivière Colorado dans la mer Vermeille, lequel a exigé qu'on déterminât avant, toujours par des moyens femblables aux précédens, le cap Mendocin ; il s'eft trouvé 17ᵈ 14′ plus à l'Oueft , & 18ᵈ 46′, plus au Nord que St. Jofeph : enfuite on a arrêté

le point del Paſſo, ſitué à un coude bien marqué de la rivière del Norte.
On a encore fixé, par des combinaiſons moins étendues & vraiſembla-
blement moins ſûres, tous les points de quelque conſidération qui ſont
entrés dans cette Carte.

On doit tout ce qu'on donne ici de l'Amérique Méridionale, à
l'excellente Carte Eſpagnole de M. la Crux, dont on a déjà parlé, à
laquelle on ne s'eſt permis d'autres changemens que de l'aſſujettir à quelques points qui ont paru bien déterminés. Ces points ſont Portobelo,
Panama ; ces deux villes ſont à l'égard l'une de l'autre :

PANAMA,	41', 0 à l'E. DE PORTOB.	(DELISLE.)
————	23', 0 à l'E. ————	(POPPLE.)
————	16', 0 à l'E. ————	(SPEER.)
————	1', 0 à l'O. ————	(D'ANVILLE. Am. Mérid.)
————	4', 0 à l'O. ————	(Idem. Am. Sept.)
————	14', 7 à l'O. ————	(JEFFERYS. G. d. Mex.)
————	31', 0 à l'O. ————	(LA CRUX.)
————	33', 0 à l'O. ————	(ULLOA.)
————	36', 0 à l'O. ————	(BELLIN. G. d. Mex.)
	13', 5 à l'O.		

Selon ces Auteurs, Panama ſeroit 13' 5, & tout au plus 16', 3 à l'Oueſt
de Portobelo. M. la Crux y met un quart de degré de plus ; mais peut-
être appartient-il aux Eſpagnols d'apprendre aux autres nations à quoi
on doit s'en tenir à cet égard.

Sur le Pérou on a ſuivi, avec l'auteur, les longitudes de Don An-
tonio de Ulloa, quoiqu'elles ſoient, ainſi que celle de Panama, en
général un peu plus grandes que ne les donnent les obſervations du
P. Feuillée & celles des Académiciens François, lors de la meſure d'un
arc du Méridien au Pérou. On a placé la Conception par $75^d 16'$, 0
d'après cinq éclipſes du premier ſatellite de Jupiter, obſervées par le
P. Feuillée, & ſelon une occultation d'étoile par la Lune du même Père,
calculée par M. le Monier. Le cap des Vierges a été placé, ſelon MM.
Narbourought, Bougainville, Cook, &c. & l'on trouve que ce cap
doit être environ 2^d plus à l'Oueſt que ſur la Carte de M. la Crux.
Buenos-Ayres eſt poſée ſur l'occultation d'une étoile par la Lune, obſervée par le P. Feuillée, & calculée par M. de Chabert. Il y a, ſelon
cette obſervation, entre la Conception & Buenos-Ayres $14^d 25'$ en lon-

gitude, & M. la Crux confomme la même quantité fur fa belle Carte.
Rio - Janeïro eft placée fur des obfervations d'éclipfes des fatellites de
Jupiter, par M. Godin, combinées avec des diftances de la Lune à
différentes étoiles, par MM. de la Caille & d'Aprés; la longitude ré-
fultante eft de 44^d 48', 6. La pofition de Cayenne fe fonde fur les
obfervations de MM. Richer & de la Condamine. St. Jofeph, dans
l'ifle de la Trinité, a été fixée dans le trajet de la Barbade à Portobelo.
On a aufli comparé d'autres longitudes obfervées, à celle de la belle
Carte Efpagnole, telles font celles d'Arica, de Coquimbo, de Val-
paraifo, &c. & les latitudes de Valdivia, de Juan Fernandez, du Port
St. Julien, du cap Blanc, de l'ifle Ste. Catherine, de la baie de Tous-
les-Saints, d'Olinde, &c. On a trouvé que cette bonne Carte étoit
toujours renfermée entre les écarts des obfervations. On a enfin tracé
les limites des poffeflions Efpagnoles & Portugaifes fuivant le traité de
1778. Les difficultés qu'on y a rencontrées, ont été applanies, moyen-
nant les fecours abondans qu'a procurés l'Auteur de l'Hiftoire Philofophique & Politique des Etabliffemens & du Commerce des Européens
dans les deux Indes; c'eft même à fa confidération qu'on a bien voulu
nous communiquer la belle Carte Efpagnole de M. la Crux, qui ne
contient pas encore ces limites, & qui n'eft pas même publique. On
en a extrait la Carte générale N°. 29, & les Cartes particulières N.ºs 30,
31, 33, 34 & 35. Le détail précieux, & en grande partie neuf, eft
entièrement dû à l'habile Auteur Efpagnol. Au furplus, on a partagé le
Bréfil en neuf provinces ou gouvernemens, dont les divifions récentes
ont été fournies encore par l'Abbé Raynal, qu'il tenoit de Portugais
très-inftruits de l'étendue de ces gouvernemens; ce qui, avec les limites
refpectives des poffeflions Efpagnoles & Portugaifes, pourra déformais
fervir au moins à corriger les Cartes & les méthodes de géographie,
jufqu'à ce que les circonftances occafionnent de nouveaux changemens.

La Guyane Hollandoife, prefque entière, & la Guyane Fran-
çoife viennent, comme on l'annonce dans le titre, de MM. les Ingénieurs-
Géographes François. Ce tableau offre la connoiffance la plus nouvelle
& la plus parfaite que l'on puiffe avoir, quant à préfent, de ce pays.
On doit la communication des originaux de cette Carte aux égards qu'on
a pour l'Auteur de l'Hiftoire Philofophique & Politique.

Les Isles Antilles, en particulier, font appuyées fur des obfervations dont on a déjà fait ufage dans la Carte du golfe du Mexique.

On y ajoutera que M. de Fleurieu trouva en 1769, avec des horloges marines, le Fort St. Pierre de la Martinique 6′, 9 de degré plus occidental que le Fort-Royal; ainsi le Fort St. Pierre est aussi bien déterminé que le Fort-Royal; on a encore la longitude de la pointe du Prêcheur, la latitude & la longitude de la pointe des Salines, celles du cap Ferré, & enfin les latitudes de la pointe de Macouba & du Bourg du Cul-de-sac-Robert. (*V. le voyage de MM. de Verdun, Borda & Pingré en 1771 & 1772.*)

L'Isle de St. Domingue est appuyée sur la position du Cap-François, dont on a déjà fait mention; sur la longitude du petit Goave, qui est de $75^d 9′$, 0, & sur sa latitude de $18^d 27′$, 0, selon des observations de MM. Godin, Ulloa & Bouguer; sur la longitude du Fort St. Louis de $75^d 38′$, & sur sa latitude qui est de $18^d 18′$, 7, suivant les observations du P. Feuillée, comparées à celles qui ont été faites en d'autres lieux. On a encore, par les horloges marines, les positions du cap Samana, du vieux Cap-François, de la Grange, du Mole St. Nicolas-au-Bourg; & dans les débouquemens de cette isle, on a la position de la grande Inague & de l'Isle-au-Château. (*Voyage de MM. de Verdun, Borda & Pingré.*) On a en outre la latitude observée de la petite Caïque à la pointe N. E. des isles Turques à la Caye de sable, & à la grande Saline à la pointe S. En outre M. de Verdun a eu occasion depuis, d'avoir exactement la latitude de la pointe N. O. de la petite Inague de $21^d 33′$, 9, & de découvrir que cette isle gît N. O. ¼ O. $3^d 45′$, N. & S. E. ¼ E, $3^d 45′$, S.

La Jamaïque est fondée sur la longitude de Port-Royal, qui est de $79^d 2′$, 5, suivant deux éclipses de Lune & un passage de Mercure sur le Soleil. Il n'a pas été aussi facile de déterminer la latitude de cette place, ni le gissement de toute l'isle. Harris fait la latitude de Port-Royal de $17^d 40′$. M. Campbell a observé la longueur du pendule sur la rivière Black à 18^d de latitude; mais ces observations ne s'accordent pas. Voici sommairement ce qu'on a fait pour lever cette difficulté: On a pris, d'après sept des meilleures Cartes, la distance de la pointe Morant à la pointe Negrill du Sud, & on a trouvé 131^m, 0 : 131^m, 0 : 138^m, 0 : 151^m, 5 : 154^m, 0 : 157^m, 0 : 163^m, 0. La différence en latitude entre ces points, suivant les mêmes Cartes, est de 7′; 12′; 20′; 29′; 30′; 30′; & 39′; selon ces données, après quelques préparations, on a trouvé le sinus de l'angle que fait le parallèle avec la ligne de la pointe Est à la pointe Ouest, de 0, 16′, 56, il répond à

$9^d 32′$.

9ᵈ 32′. La diſtance entre les deux pointes dont il s'agit eſt de 147ᵐ, 6 ; non en prenant le milieu arithmétique entre les diverſes longueurs fournies par les Cartes, mais par une méthode qui promet plus d'exactitude ; en conſéquence la différence vraie en latitude eſt de 24′, 46. On a cherché, avec tout le ſoin poſſible, la ſomme des latitudes de la *pointe* Morant & de la pointe de Negrill du Sud, ſelon quinze indications de part & d'autre, on a trouvé cette ſomme de 36ᵈ 1′ 9, qui, avec leur différence, donnent la latitude de la pointe Morant de 17ᵈ 48′, 7, & celle de la pointe de Negrill du Sud de 18ᵈ 13′, 2. Cela fait voir la latitude de Port-Royal de 17ᵈ 50′, 2, plus grande d'environ 10′ que Harris ne l'a indiqué : on a cherché avec le même ſoin la largeur de l'iſle ; mais c'eſt trop s'étendre ſur la Jamaïque.

L'ISLE DE CUBA s'appuie principalement ſur la poſition de la Havane dont il a été queſtion. On a de plus fixé quatre points de la côte ſeptentrionale, entre les lieux obſervés de l'iſle St. Domingue & la Havane, en plaçant ces points ſemblablement à ce qu'ils devroient être ſelon quatre Cartes différentes. On a enſuite cherché la poſition du cap Crux, référé à la pointe de Maizi & à la Havane, & rapporté encore à Port-Royal & à la Havane. On a trouvé, par ce moyen, la longitude du cap Crux de 80ᵈ 9′, 6. De ce cap à la Trinité, on a en longitude 107′, 0 : 114′, 4 : 121′, 0 : 125′, 4 ; & de la Trinité à la Havane, on a 119′, 0 : 123′, 4 : 130′, 0 & 137′, 4 : d'où l'on a tiré 116′, 8 & 127′, 6 ; ainſi la longitude de la Trinité eſt de 82ᵈ 6′, 4, & ſa latitude de 21ᵈ 48′, 0, par Don Marcos qui obſerva auſſi, en cette ville, l'éclipſe totale de Lune du 22 Mai 1714. On a encore fixé le cap St. Antoine, en le rapportant à la Vera-Crux & à la Havane ; St. Yago, en le référant à la pointe de Maizi & au cap Crux ; Bayamo, en faiſant dépendre ſon emplacement du cap Crux & de St. Yago, &c. Quant aux points intérieurs de l'iſle, où il y a des obſervations de longitude, tels que ſont le St. Eſprit & le Port-au-Prince, on n'a pas dû s'y aſſujettir ſans conſulter les diſtances, tant parce que les obſervations ſont uniques en chaque lieu, que parce que ces villes ſont trop voiſines, pour que l'erreur poſſible dans l'obſervation, ne puiſſe pas faire une partie conſidérable de l'intervalle qui doit les ſéparer. L'erreur paroît être ici d'environ un ſixième de la diſtance, qu'elles font trop foible ; & ces obſervations ſemblent donner la longitude abſolue trop forte d'environ un demi degré. C'eſt peut-être là toute la préciſion qu'on pouvoit attendre

ç

en 1714, d'une émersion du premier satellite de Jupiter en chaque lieu, sur-tout l'une d'entr'elles, n'ayant point eu de correspondante du moins à Paris.

Pour le détail de cette isle, les noms des dix-huit jurisdictions qu'on y a établies en 1775, avec le nombre des cures & la distance en lieues de chaque jurisdiction à la Havane, &c. ont été communiqués par M. l'Abbé Raynal, qui les devoit à l'estime qu'on a pour lui. Il y en a quelques-unes qu'on n'a pas osé inscrire dans la Carte, parce qu'elles n'étoient pas nommées sur les plans les plus détaillés de cette isle qu'on a consultés, ou parce qu'un autre nom les a dérobés aux recherches, ou bien encore parce que les distances indiquées n'étoient pas toutes exactes, vraisemblablement par erreur de copie.

La Guadeloupe se fonde sur la ville de la Basse-Terre, déterminée en longitude par les horloges marines, & en latitude par MM. Duglos, Varin & Deshayes, vérifiée par d'autres observations & par MM. de Verdun, Borda & Pingré eux-mêmes. Pour le détail, afin de ne rien omettre d'essentiel, on a consulté une très-grande Carte de cette isle provenant du dépôt des Colonies.

On a fait mention ci-devant des observations sur lesquelles s'appuie la Martinique. Le Lecteur est prié d'y avoir recours.

Les Côtes septentrionales d'Afrique ont pour base les longitudes & latitudes de Cadix, de Gibraltar, d'Alger, de Tunis, par M. le Baron de Thot; de Tripoli, de Malthe, d'Alexandrie & du Caire; les latitudes de Rozette, de Damiette, cette dernière est plus grande que selon M. de Chazelles de 2', 6, par M. de Niebuhr; & s'étendant au Nord, celle de Maretimo, de Palerme, de Siracuse & de Messine; les longitudes & latitudes de la Canée & de Candie; & sur la latitude de Rhodes, par M. de Chabert, plus grande de 2', 3 que selon M. de Chazelles. On remarquera, sur les observations précédentes, que la longitude d'Alger, selon l'éclipse de Lune observée par M. Shaw, a paru trop forte; on a référé cette ville aux points déterminés à l'Est & à l'Ouest d'Alger, & on a mis seulement au nombre des données la longitude de M. Shaw : par là on a trouvé que cette ville étoit à l'Orient de Paris de 0^d 51'. La longitude de Tripoli est de 11_d 2' 3. En comparant aux observations du P. Feuillée les conclusions que divers Astronomes, tels que MM. Lieutaud, Harris, Desplaces, &c. en ont données. On n'a pas entièrement suivi la longitude de Palerme, telle qu'elle fe conclut d'une éclipfe du premier fatellite de Jupiter, faite dans le fiècle précédent, par M. de Chazelles; on en a ufé comme de la longitude qui précéde de M. Shaw. Quoi qu'on n'ait pas fuivi la longitude d'Alger, de ce favant Anglois, on lui doit le détail d'une partie de l'intérieur du pays contenu dans cette Carte : on doit le refte à l'Hiftoire d'Afrique de Jean de Leon, à Marmol, à Dapper, &c.

A la Carte précédente, fuccède celle de la partie occidentale de l'an-cien continent : elle s'appuie fur la détermination de Cadix, fur celle de Funchal, fur celle de plufieurs points de l'ifle de Ténériffe, fur la détermination de l'ifle de Gorée, & en conféquence, fur celle du cap Verd, fur la détermination de la Praya en l'ifle de St. Yago, de l'ifle de May, l'ifle de Fuego, & de celle de Brava. (*Voyage de M. de Fleurieu & celui de MM. de Verdun & Pingré.*) Entre Cadix & le cap Verd, on a fixé le cap Cantin, le cap Bajador & le cap Blanc, par des moyens géographiques, qui ne laiffent prefque rien à defirer. A l'égard du détail, il vient des rélations les plus récentes, en pré-férant, en quelque forte, les Cartes des Auteurs qui ont été à portée de bien voir le pays; tels font entr'autres MM. Adanfon, l'Abbé de Manet, les voyages nouvellement publiés de nos habiles navigateurs, &c.

L'AFRIQUE eft d'abord la réduction des Cartes de détail dont on s'eft entretenu. Quant à l'intérieur de l'Ethiopie, on s'eft appuyé d'une part fur les points déterminés de la côte occidentale d'Afrique, & de l'autre, aux bords du Nil fur Sennar, Dungola, Afuan & le Caire; & pour avoir la longitude des points intermédiaires, on a placé fembla-blement, felon diverfes Cartes, Tombut, Agadés, Tibedou, Ghana, Germa, Zawila, Bournou, Temalma, Gaoga, &c. Puis on s'eft appuyé, au midi, fur divers points de la côte de Guinée, & au feptentrion, fur des points du bord de la Méditerranée, & on y a référé les points précé-dens, afin d'en obtenir les latitudes; par là, ces lieux remarquables, comme autant de fignaux plantés dans cette vafte région, ont fervi à en achever la defcription. L'intérieur de cette partie du monde n'eft guère mieux connu qu'anciennement. Nulle nation moderne ne le fré-quente.

POUR décrire Terre-Neuve, l'Ifle-Royale, l'Acadie & le Canada, on s'eft appuyé fur le bourg de l'ifle St. Pierre, fitué à 58ᵈ.31′, 2 de longitude occidentale de Paris, & par 46ᵈ 46′, 5 de latitude. Cette longitude fe déduit du rapport des horloges marines *A* & *S* de M. le

Roi , conduites par M. Caffini le jeune ; de l'horloge marine de M. Berthould N°. 8 & de la montre *S* de M. le Roi, conduites par MM. de Verdun, de Borda & Pingré ; des diftances de la Lune aux étoiles, par les mêmes ; de l'éclipfe du Soleil aux ifles Burgeo, rapporté à St. Pierre, & du témoignage des meilleures Cartes, affujetties avant aux points fixes les plus proches de St. Pierre. Delà au cap de Raye, fitué par 47^d 36', 8 de latitude, on a trouvé 2^d 52', 3 en longitude ; & du même bourg au cap de Raze, fitué par la latitude 46^d 37', 5, on a trouvé 2^d 55', 5 ; ce qui donne à la côte méridionale de l'ifle de Terre-Neuve 5^d 47', 8 en longitude. Cette conclufion ne peut manquer d'être jufte ; on y a employé huit des Cartes les plus détaillées & les meilleures, & l'on a apporté dans leurs combinaisons tout le foin dont on eft capable, d'où l'on infère que la longitude par une éclipfe de Soleil aux ifles Burgeo, eft trop forte d'environ 5'. Après avoir fixé les points les plus remarquables de la côte du Sud, parmi lefquels on avoit la latitude exacte du Port des Trépaffés, par M. de Chabert ; on a cherché la longitude des principaux caps des côtes de l'Eft & de l'Oueft de cette ifle, excepté la latitude de la ville de St. Jean qui étoit connue de 47^d 34', 0, & celle du cap Normand qui a été obfervée de 51^d 38', 4. Dans cette difcuffion, le point le plus important à fixer, étoit le Nord de l'ifle Kerpon ; il s'eft trouvé placé par 51^d 43', 2 de latitude, & à 56^d 27', 2 de longitude ; tant par les différences particulières en longitude des points qu'on a fixé le long des côtes orientales & occidentales, que par les différences qu'on a trouvé en rapportant le Nord de cette ifle au cap de Raze & au cap de Raye, & en le rapportant encore au bourg St. Pierre & au cap de Raze. Si malgré notre travail & nos recherches, la côte orientale a encore befoin de vérification, c'eft que la plupart des vaiffeaux qui fréquentent ces parages, ont pour objet une pêche abondante, & non la perfection des Cartes.

Le cap de Nord de l'Ifle-Royale eft à 62^t 22', 6 de longitude, en le référant au cap de Raye & à Louisbourg ; la latitude du cap de Nord a été obfervée, à terre, par les Anglois ; celle des ruines du Fort Dauphin l'a été pareillement par M. de Chabert ; & la longitude de Louisbourg obfervée en 1750, par cet Officier, eft de 62^d 12', 2, & fa latitude de 45^d 53', 7 ; l'ifle de Scatary eft déterminée, en latitude, par des obfervations à terre ; & en longitude, fuivant fa diftance à

Louisbourg, par le même. L'anfe de Fronfac eft à 63^d 39', 3 de longitude, & par 45^d 37' de latitude, obfervées auffi par M. de Chabert. A l'aide de ces points, on en a fixé divers autres au contour & dans l'intérieur de l'ifle, par des moyens géographiques très-multipliés & très-étendus.

L'ACADIE s'appuie fur l'anfe de Fronfac, fur le Port de Canceau & fur le cap de Sable, fitué, fuivant les obfervations & les remarques de M. de Chabert, par 67^d 58', 9 de longitude, & par 43^d 23', 4 de latitude à la pointe Sud de l'ifle placée au midi du cap de Sable; fur le plan de Chibouctou, levé par le même Officier. Sur cette Côte méridionale, on a placé femblablement à ce que demandoient fept Cartes, divers points parmi lefquels Halifax s'eft trouvé à 65^d 51', 8 de longitude, & par 44^d 39' 4 de latitude.

Après cela on a cherché à fixer Port-Royal ou Annapolis, en le référant au cap de Sable & à l'anfe de Fronfac; au cap de Sable & à Halifax; à Halifax & à l'anfe de Fronfac; on l'a enfin trouvé à 67^d 39', 2 de longitude, & par 44^d 48', 1 de latitude. On a auffi arrêté le cap St. Marie fitué à la côte Oueft de l'Acadie, par des moyens géographiques; en voici le procédé pour exemple. Ayant trouvé la diftance de la pointe de Bacareau (vers le N.O. du cap de Sable) à Annapolis, de 81^{milles}, on a trouvé à proportion, de la pointe de Bacareau au cap Ste. Marie 42^m, 9, côte de l'Acadie [a]; 47^m, 0, de Chabert; 48^m, 2, d'Anville; 49^m, 0, Jefferys; 49^m 0, Acadie [a]; 51^m, 2, Bellin; 57^m, 5, Mitchel; 62^m, 4, Popple; 63^m, 8, la Borde [a]; 65^m, 0, Montrefor; 88^m, 3, Southack. Et d'Annapolis au cap Ste. Marie on a trouvé 38^m, 1, Popple; 38^m, 5, Mitchel; 41^m, 5, côte de l'Acadie [a]; 46^m, 6, Acadie [a]; 47^m, 4, Bellin; 48^m, 3, de Chabert; 50^m, 6, d'Anville; 51^m 2, Jefferys; 61^m, 1, Montrefor; 63^m, 5, la Borde [a]; 70^m, 5, Southack. Cherchant la fomme de ces diftances en mettant toujours la plus grande avec la plus petite, & ainfi graduellement, puis prenant un milieu, on trouve cette fomme de 105^m, 8. Enfuite pour découvrir chaque diftance en particulier, on a afforti les petites avec les petites, les moyennes avec les moyennes, & les grandes avec les grandes, toujours graduellement. Après cela, ayant égalé la fomme des termes de chacun des onze rapports qui en ont réfultés à 105^m, 8, on a eu de nouveaux termes, fur lefquels opérant comme fur les précé-

(a) Ces Cartes font manufcrites.

dens, & répétant le même procédé plusieurs fois, on a découvert pour rapport final $\frac{49^m, 9}{55, 9}$. Outre ces distances absolues, on a la latitude du cap Ste. Marie de 44^d 14′, o, Jefferys; de 44^d 16′, o, de Chabert; de 44^d 17′, 3, d'Anville; de 44^d 17′, 4, Bellin; de 44^d 25′, o, Montréfor; de 44^d 26′, 8, Mitchel; de 44^d 31′, o, Popple; d'où l'on a affez exactement 44^d 16′, 7. En référant le Fort de Beau-Séjour à Port-Royal, au cap de Sable, à l'anse de Fronsac & à Halifax, on a trouvé ce Fort à 66^d 20′, 2 de longitude, & par 45^d 45′ de latitude.

Entre Beau-Séjour & Gafpereau, à l'entrée de la rivière du même nom, dans la baie Verte, il y a 14′, 5 de longitude; ainsi Gafpereau est à 66^d 5′, 7 de longitude, & par la latitude observée de 45^d 59′, o. Afin qu'on puiffe appercevoir le moyen qu'on a employé fur Gafperau & dans plusieurs endroits de cette Analyse, on va le détailler, en cherchant la différence en longitude entre l'anse de Fronsac & le cap Louis; c'est un de ceux qu'on met en ufage, lorsqu'il n'y a qu'une des deux extrémités de fixe. On trouve, fur fix des meilleures Cartes, entre ces points, les différences en longitude fuivantes, 12′, 7; 25′, 5; 25′, 7; 26′, o; 28′, 5 & 30′ 9; tandis que les différences en latitude font 36′, o; 23′, 5; 21′, 3; 20′, o; 16′, o & 11′, o. On a multiplié la plus petite différence en longitude, par la plus grande en latitude, & encore par le cofinus o, 697 de la hauteur polaire moyenne, & ainsi graduellement, & il est venu fix rectangles, dont chacun, par une efpèce de milieu, est 346^m, 1. En effet, les différences en longitudes doivent être, à peu-près, réciproques aux différences en latitudes, fi l'on veut que les fix Cartes tendent toutes à donner la même furface dans cet efpace. La vraie différence en latitude est de 23′, o, la hauteur observée au cap Louis, étant de 46^d juste, & celle de l'anse de Fronsac de 45^d 37′: or $\frac{346, 1.}{23', o \times o, 697} = 22'$ 4; c'est la différence cherchée. par conféquent la longitude du cap Louis est de 64^d 1′, 7. Entre ce cap & Gafpereau, on a fixé divers points dont on ne dira rien afin d'abréger.

La pointe Est de l'isle St. Jean, est par 64^d 3′, 7 de longitude, rapporté au cap Louis; la latitude observée de cette pointe est de 46^d 30′. Le Fort Amherst au Sud de Charlotte-Town, étant référé à Gafpereau & au cap St. Louis, est à 65^d 20′, 3 de longitude & par la hauteur observée de 46^d 12′, 1, felon M. Holland, qui a levé le plan de l'isle. La pointe Nord de cette isle est à 66^d 18′, 1 de longitude, & par 47^d 6′, 7 de hauteur , conformément au plan de M. Holland , référant à cette pointe celle de Scomina , on la trouve à 67ᵈ 4′ 0 de longitude , & par 47ᵈ 10′, 3 de latitude. Rapportant la partie Ouest de l'isle Amherst , une des isles de la Madeleine , 1°. au cap de Raye & à la pointe de Scomina ; 2°. au cap de Nord de l'isle St. Jean , & au cap de Raye ; 3°. au cap de Nord de l'isle Royale & à la pointe de Scomina ; 4°. au cap de Nord de l'isle St. Jean & au cap de Nord de l'Isle - Royale ; 5°. au cap de l'Est de l'isle St. Jean & au cap de Nord de la même isle : on trouve , par une espèce de milieu entre les cinq longitudes qu'on en a tirées , celle de l'Ouest de l'isle Amherst de 63ᵈ 56′ 9. Ensuite on a fixé l'isle Anticosti , en la référant au cap de Raye , à la pointe de Scomina & à l'Ouest de l'isle Amherst , on trouve pour la pointe S. E. 63ᵈ 56′, 5 de longitude , & de latitude 49ᵈ 12′, 2 ; & pour la pointe Ouest, 66ᵈ 25′, 2 , & 49ᵈ 52′ 2.

Avant de figurer le fleuve St. Laurent , il a été avantageux de fixer , le long de son long cours , la position de quelque point remarquable , comme Québec. Pour cela on a jugé d'abord convenable de poser Boston. Afin d'y réussir , on a consulté les Transactions Philosophiques , les Transactions Américaines , on a calculé la longitude de Cambridge , d'après le passage de Mercure de 1743 , & on a fait usage de celle que donne le passage de Vénus observé à Cambridge en 1769 : comme cette ville est plus Ouest que Boston de 17 à 18″ de tems , & plus au Nord de 1′ ½ de degré , on a rassemblé sept déterminations de la longitude de cette capitale de la Nouvelle-Angleterre , & quatre autres dépendantes de combinaisons géographiques , référées aux points fixés à l'Est & à l'Ouest de cette ville. Afin qu'on puisse voir de quelle manière on a exécuté ces opérations , on va expliquer une des quatre combinaisons dont il s'agit. On suppose New-York à 76ᵈ 19′, 7 , & la pointe Sud de l'isle du cap de Sable à 67ᵈ 58′, 9 ; ainsi la différence en longitude entre ces points est de 500′, 8. Il y a , *à proportion* , du cap de Sable à Boston , d'après sept Cartes différentes , 275′, 9 , Mitchel ; 286′, 0 , d'Anville ; 296′, 0 , Popple ; 317′, 5, Southack ; 319′, 1 , Green ; 322′, 7, Nouvelle - Ecosse de Jefferys , combinée avec la Carte de New-England ; 322′, 8 , Bellin ; & de Boston à New-York il y a 178′, 1 , New-England ; 178′, 2 , Bellin ; 181′, 7, Green ; 183′, 3, Southack ; 204′, 8, Popple ; 214′, 8 , d'Anville ; 224′, 9, Mitchel. Mettant les petites différences ensemble , assortissant de même les moyennes les unes avec les autres , & les grandes avec les grandes, on aura sept rapports, dont égalant la somme des termes de chacun à 500', 8 , il viendra, en assortissant, $\frac{295, 2}{183, 3} \cdot \frac{300, 7}{190, 5} \cdot \frac{304, 3}{191, 3} \cdot$ $\frac{305, 0}{195, 8} \cdot \frac{308, 5}{196, 5} \cdot \frac{310, 3}{200, 1} \cdot \frac{317, 5}{205, 6}.$ Répétant les mêmes opérations trois ou quatre fois, on aura finalement $\frac{5^d\ 6',\ 2}{3^d\ 14',\ 6}.$ Le Sud de l'isle du cap de Sable est par 67^d 58' 9 ; y ajoutant 5^d 6' 2 , qu'on vient de trouver, on aura la longitude de Boston de 73^d 5' 1. Des onze données dont on vient de s'entretenir, on a conclu 73^d 5', 4 , pour la longitude de Boston ; sa latitude est de 42^d 22', 3 , suivant le plan du Havre de Boston de M. Desbarres, laquelle est constatée par les observations de M. de Chabert en 1779, faites à terre. En rapportant Quebec à Boston & à la pointe Scomina ; à Boston & à New-York ; à New-York & à Scomina ; à Philadelphie & à la pointe de Scomina ; à Philadelphie & à New-York ; à Philadelphie & au cap de Sable ; à New-York & encore au cap de Sable. On trouve Quebec par 73^d 29', 9 ; sa latitude a été trouvée par M. Deshayes de 46^d 55', 0. C'est en longitude 1^d 17', de plus qu'elle n'est indiquée dans la Connoissance des Tems. Il seroit difficile, sans doute, d'opposer à cette longitude quelques observations bien faites, qui pussent l'attenuer sensiblement. Depuis Quebec jusqu'à l'isle Anticosti, on a déterminé sur les bords du fleuve huit points différens. On a procédé de même pour la côte des Eskimaux, depuis l'isle Anticosti jusqu'au Nord de l'isle Kerpon, & même au-delà.

On a ensuite arrêté sur la côte de la Nouvelle-Angleterre, cinq points différens entre Beau-Séjour & Boston, sur quoi on avoit, pour soutenir cette côte à une hauteur convenable, la latitude du Fort Pentagouet de 44^d 22', 3, & celle de Piscatawai de 43^d 7', 0, observées par M. Richer, Astronome exact & célèbre, pour avoir fait, à Cayenne, la première expérience sur le raccourcissement du pendule, en allant du Pole à l'Équateur. Cette côte, en général, est trop au Nord, sur presque toutes les Cartes, de 21 à 22 minutes.

Au-dessous de Boston on a fixé la pointe méridionale de la volute que forme le cap Cod ; la Providence, dont la latitude observée est de 41^d 50', 7, & dont on a trouvé la longitude de 73^d 28', 9 : l'isle de Nantuket : la pointe de Montock à l'Est de Long-Island. Voici comme on a fixé cette dernière pointe. Sachant que la distance de New-York à la Providence est de 144^m, 4 ; celle de la Providence à la pointe de Montock est, à proportion, selon sept des meilleures Cartes, de 60^m, 0 ; la distance de

New-York,

New-York, à la même pointe, est de 103,,, o. D'ailleurs, d'après douze indications de la différence en latitude entre chaque point, on a trouvé que cette pointe étoit plus Nord que New-York de 14′, 8, & plus Sud que la Providence de 54′, 1 ; d'où il suit que la pointe de Montock est à 74ᵈ 4′, o de longitude, & par 40ᵈ 56′, 6 de latitude. Suppposons pourtant que New-York soit à 76ᵈ 19′, 7 de longitude ; & par 40ᵈ 41′, 8 de latitude au Fort ; mais cela résulte des observations qu'on y a faites en 1769, combinées avec celles qu'y avoit faites M. Burnet auparavant. Cette longitude s'accorde avec celle que font trouver les combinaisons géographiques les plus étendues, à 1′, 3 de moins près.

L'angle de position entre New-York & Albany est, suivant neuf indications, de 7ᵈ 12′ du Nord à l'Est ; la latitude de cette dernière place est de 42ᵈ 43′, 6 ; sa longitude est, par conséquent, de 75ᵈ 59′, 1.

Retournant à Quebec, afin de finir sur le Canada. D'après six Cartes des plus estimées, on a trouvé Mont-Réal à 75ᵈ 30′, 7 de longitude, & par 45ᵈ, 47′, 1 de latitude. Frontenac à 78ᵈ 6′, 4 de longitude, & par 44ᵈ 29′, 6 de latitude. Osvego à 78ᵈ 30′, 1 de longitude. & par 43ᵈ 26′, 9 de latitude. Osvego a de plus été référé à Albany. On avoit, pour s'aider dans cette occasion, diverses indications de la hauteur polaire de ces derniers lieux, données par les Missionaires Jésuites, & par des Ingénieurs François.

En partant d'Osvego, on a trouvé, par des combinaisons un peu moins étendues, le Fort de Niagara à 80ᵈ 44′, 1 de longitude, & par 43ᵈ 27′, 5 de latitude ; le Fort du détroit à 84ᵈ 53′, 1 de longitude, & par 42ᵈ 34′, 5 de latitude ; le Lac Michigan, à la pointe la plus Sud, par 89ᵈ 00′, 1 de longitude, & à 42ᵈ 19′, o de hauteur ; le Lac Supérieur dans la partie la plus à l'Est, par 87ᵈ 42′, 1 de longitude, & à 48 9′, o de latitude ; le Lac Supérieur, dans la partie la plus à l'Ouest, par 94ᵈ 10′, 7 de longitude, & à 45ᵈ 44′, o de latitude ; le Saut St. Antoine à 96ᵈ 20′, 2 de longitude, & par 44ᵈ 23′, 5 de latitude. On a aussi trouvé l'emplacement du Fort du Quesne à 82ᵈ 22′, 4 de longitude, & par 40 59′, 4 ; mais en le référant avec soin à Philadelphie & à Winchester, dont les positions sont bien déterminées, comme on le verra dans peu.

La Louysiane & la Floride sont fondées sur des observations dont on a fait mention en analysant le golfe du Mexique. On s'est aussi appuyé sur les lieux fixés dans les contrées environnantes, afin de donner, aux pays qu'on vouloit décrire, une étendue convenable. Du côté de l'Ouest, la Nouvelle-Orléans & le Saut de St. Antoine, ont fait avoir, en général,

d

le giſſement du Miſſiſſipi ; pluſieurs obſervations de latitude ont arrêté ; à très-peu près , la hauteur de divers points de ſon cours ; tel eſt le con-fluent de la Rivière Rouge , obſervé par M. le Sueur , celui de pluſieurs, autres rivières qui viennent payer au Miſſiſſipi le tribut de leurs eaux , le confluent de l'Ohio , &c. On a de plus , au haut de cette rivière , le Fort du Queſne , dont la poſition ſera diſcutée. On s'eſt appuyé en outre , ſur le Sud du Lac Michigan & ſur le Fort du Détroit , points dont il a déjà été queſtion. Dans la partie de l'Eſt , on s'eſt fondé ſur Wincheſter & ſur Tugelo : on dira inceſſamment un mot ſur les moyens qu'on a employés pour les fixer. Du reſte , la partie inférieure & celle de l'Oueſt de cette Carte , ſont , en grande partie , l'ouvrage des Ingénieurs François , à l'occaſion des révolutions ſurvenues dans ces contrées , lorſque la France en étoit en poſſeſſion. Les autres parties de cette Carte ſont dues aux Voyageurs , aux Miſſionnaires , ſur-tout au P. Maire , Jéſuite , & à quel-ques Cartes gravées & manuſcrites Françoiſes & Angloiſes.

Les Etats-Unis de l'amérique Septentrionale ont pour baſe les poſitions de Boſton , d'Albany , de New-York , dont on a parlé : ces Provinces s'établiſſent ſur la poſition de Philadelphie , appuyée ſur le paſſage de Vénus de 1769 , & ſur nombre d'obſervations des ſatellites de Jupiter , faites dans cette capitale de la Penſylvanie , ou dans des lieux voiſins : la longitude qui en réſulte eſt de 77^d 35′, 4 , & ſa latitude , bien obſervée , eſt de 39^d 56′, 9. Enſuite on a fixé divers points contigus à la baie de Cheſeapeake , tels ſont entr'autres Baltimore , Annapolis , Alexan-drie , Marleborought & Williamsbourg. Delà , s'éloignant davantage du rivage , on a placé Wincheſter , en référant cette ville à Philadelphie , à Baltimore , à Annapolis , à Alexandrie & à Marleborought : on a trouvé que Wincheſter devoit être à 81^d 2′ de longitude , & par 39^d 27′, 9 de latitude. En outre , on a fixé , depuis la baie de Cheſeapeake , divers points, dont quelques-uns ſont , le cap Hatteras , le cap Fear , le cap Carteret , Beaufort & Savannah ; puis allant dans les terres , on s'eſt attaché à bien poſer la ville de Tugelo , en la rapportant au cap Fear , au cap Carteret , à Beaufort & à Savannah : Tugelo s'eſt trouvé , par ces moyens réunis, à 86^d 28′, 7 de longitude , & à 34^d 13′, 6 de latitude.

L'Amérique Septentrionale eſt la réduction des morceaux qui en offrent le détail ; à l'égard des régions qu'ils ne préſentent pas , on a profité de ce qu'il y a de plus nouveau & de mieux avéré. On a poſé le Port de de San Blas , environ par 55^d 43′ de latitude , ſelon le dernier voyage des

Efpagnols dans ces parages peu connus. On a fait ufage pour l'Archipel du Nord, fitué à l'Eft de l'Afie, de la Carte publiée en Ruffie il y a quelques années; pour la baie d'Hudfon & de Baffin, des Cartes qu'ont valu les dernières tentatives des Anglois pour découvrir un paffage au N. O.; pour le Groenland, de la Carte de M. Anderfon, fur les obfervations de la *Miffion Danoife*; pour la partie du Sud-Oueft de l'Iflande, de la Carte de MM. de Verdun, de Borda & Pingré, &c.

On a cru devoir joindre ici une Carte de fupplément contenant les ifles Vierges, & les plans particuliers de plufieurs des ifles Antilles, dont le détail n'a pas paru fuffifant dans la Carte générale de ces ifles. Ces fupplémens font extraits des Cartes particulières de M. Jefferys, Géographe Anglois: on n'y a fait qu'un feul changement, on a remonté l'ifle de St. Euftache, par rapport à celle de St. Chriftophe, de 4′, parce que la ville St. Euftache y étoit à 17ᵈ 25′ de latitude, tandis qu'elle eft réellement par 17ᵈ 29′, fuivant les obfervations de MM. de Verdun, de Borda & Pingré. Ces fupplémens diffèrent, à quelques égards, des mêmes objets qui font fur la Carte générale, dans laquelle on s'eft appuyé, en grande partie, fur les obfervations nombreufes & fur la Carte de MM. de Verdun, de Borda & Pingré. L'ifle de Ste. Lucie, qui diffère le plus en excès de celle de M. Jefferys, y eft réduite de celle de M. Bellin de 1763, où l'Auteur aura pu prendre pour échelle, le mille ftatué d'Angleterre, au lieu du mille d'ufage; ou bien M. Jefferys aura employé le mille d'ufage, au lieu du mille ftatué.

Les premières Cartes de cet Atlas font deux Mappemondes; fi l'on n'en parle que vers la fin de cette Analyfe, c'eft qu'elles ont été conftruites les dernières, comme cela devoit être. La première eft fur la projection ftéréographique ordinaire, à laquelle on eft habitué. Elle repréfente le globe d'une manière plus naturelle qu'aucune autre projection. Les méridiens y coupent les parallèles à angles droits, & les degrés de ceux-ci y diminuent, de l'Equateur aux poles, comme fur la fphère. Quoique le cadre de cette Mappemonde foit plus grand que dans les autres Cartes de cette collection, les deux hémifphères enfemble ne contiennent pas plus de furface que les autres Cartes de ce recueil, parce que la rondeur retranche aux angles du cadre & au milieu de fa longueur, fix efpaces mixtilignes extérieurs à la Mappemonde. Cette Carte offre une idée générale de tout le globe, les noms & les capitales des principaux Etats & des plus grands fleuves. Ce premier coup-d'œil a paru fuffifant, & peut-être même plus convenable que s'il offroit un plus ample détail. On a puifé, dans les meilleures fources, les objets que nos Cartes plus particulières ne contiennent pas; tels font la Nouvelle-Hollande & la Nouvelle-Zélande, les ifles Carolines, l'ifle de Tayti, &c.

L'autre planifphère eft tracé fur la projection de Mercator, ufitée dans la marine. C'eft l'inverfe de la première projection. Il peut être avantageux de préfenter ainfi le même objet fous différens points de vue. Dans celle-là, le globe eft repréfenté en deux hémifphères; dans celle-ci, fa furface eft développée fur le même plan; là, le Nord-Eft de l'Afie, l'Iflande, font fur deux hémifphères différens, & il eft embaraffant de les rapprocher, même par la penfée. Ici ces objets font contigus, ils font enfemble; cela vient de ce qu'on a pris, à l'Eft & à l'Oueft, pour les bords du plan de cette Carte, le méridien qui coupe le moins d'objets poffible; il en auroit été autrement, qu'il eût été facile ici, en pliant la Carte en cylindre, de rapprocher les parties les plus orientales des plus occidentales. Sur la première, il eft difficile de mefurer les diftances; fur la feconde, les degrés du méridien interceptés entre les lieux dont on defire la diftance, en font l'échelle naturelle. On a réuni, par extrait, dans cette dernière Mappemonde, les vents généraux & les mouffons; ces objets fe trouvent par parties dans les autres Cartes de cet Atlas, mais ils n'y font pas un tout. On les a défignés par des hachures, tracées fur la Mer avec des flèches qui en montrent la direction. La connoiffance de ce phénomène n'eft pas encore affez répandue en France. Les détails qu'en renferme l'Hiftoire Philofophique & Politique, avec ce qu'on en préfente dans ce recueil, concourront à la rendre plus familière.

Voilà l'Analyfe abrégée qu'on s'étoit propofé de faire de cet Atlas, elle a même entraîné plus loin qu'on ne s'étoit promis d'aller. Quoiqu'on ait fupprimé autant d'objets qu'il a été poffible, & d'autres qu'on n'a laiffé qu'entrevoir, fur-tout, quand ils ne tendoient pas à fixer de grands efpaces dans chaque région qu'on devoit décrire. L'ouvrage d'ailleurs étoit affez confidérable, & les connoiffances de détail répandues préfentement fur le globe, jointes à la multitude d'obfervations qu'on y a faites, ne permettoient guère de rendre cet écrit plus court; ou bien, il auroit fallu jouir d'un loifir plus long que celui dont on a pu difpofer. En conféquence, il a fallu concentrer fon énergie, & faire des efforts afin que cet Atlas puiffe répondre à l'ouvrage pour lequel il a été expreffément dreffé, Si nous y avons réuffi, nos defirs font fatisfaits.

Fin de l'Analyfe de l'Atlas,

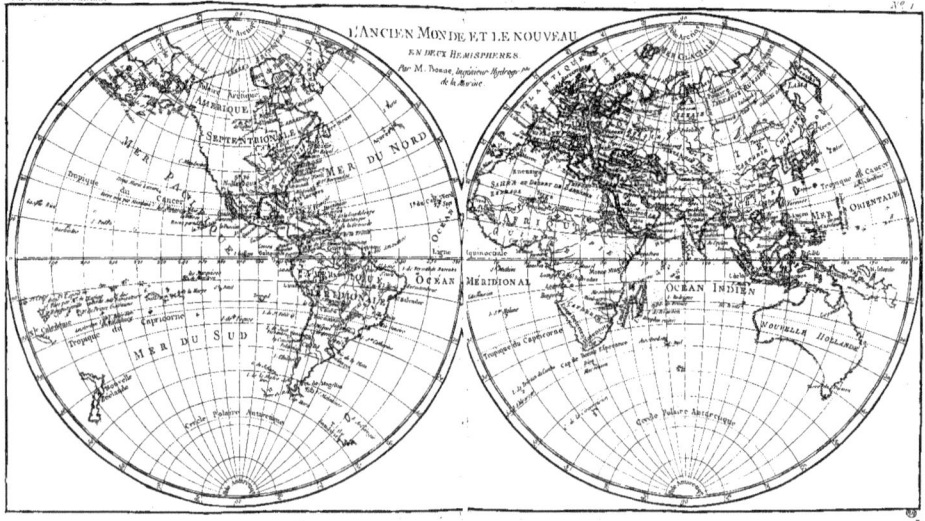

L'ANCIEN MONDE ET LE NOUVEAU
EN DEUX HEMISPHERES
Par M. Bonne, Ingénieur Hydrographe
de la Marine

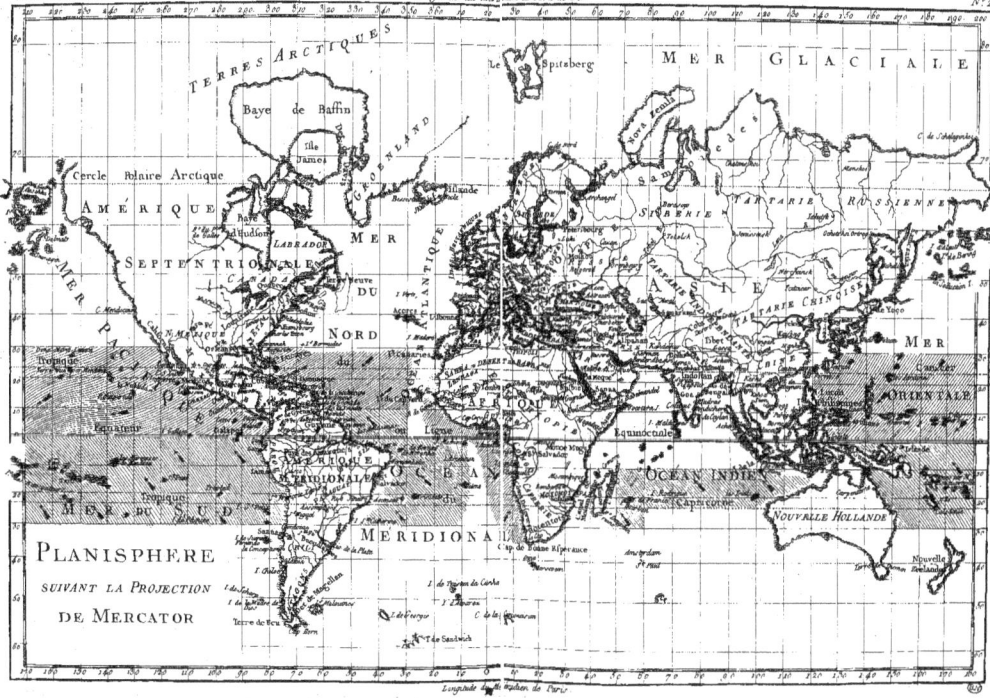

PLANISPHERE

SUIVANT LA PROJECTION

DE MERCATOR

L'EUROPE.

Par M.ͬ BONNE,
Ingénieur-Hydrographe
de la Marine.

OCÉAN OCCIDENTAL ou ATLANTIQUE

ISLES BRITANNIQUES

DANEMARK

SUEDE

RUSSIE

LITUANIE

POLOGNE

D'EUROPE

UKRAINE

MER CASPIENNE

MER NOIRE

ANATOLIE

MER MÉDITERRANÉE

AFRIQUE

Détroit de Gibraltar

MER

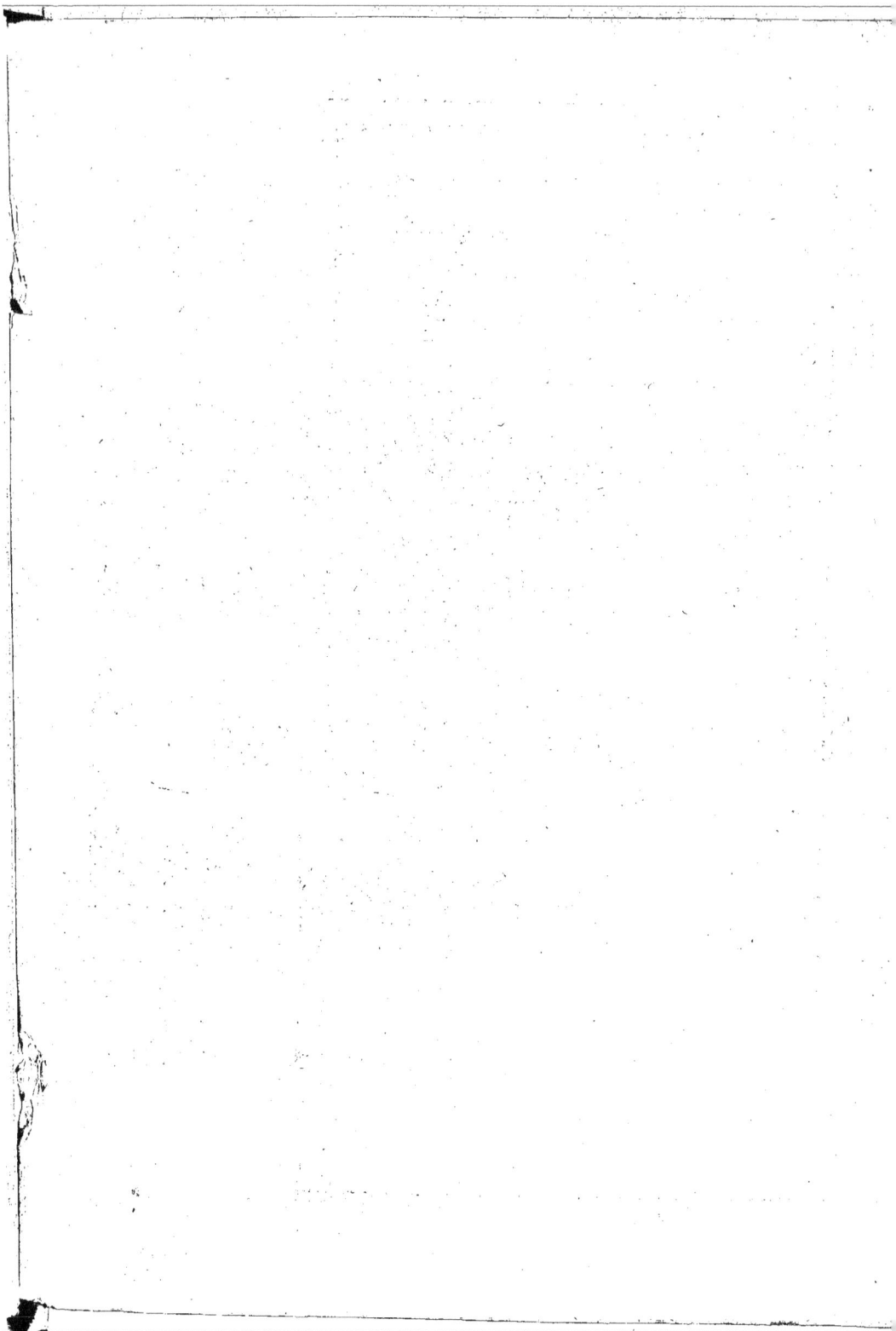

L'ASIE.

Par M. BONNE,
Ingénieur Hydrographe
de la Marine.

Longitude du Meridien de Paris

André sculp.

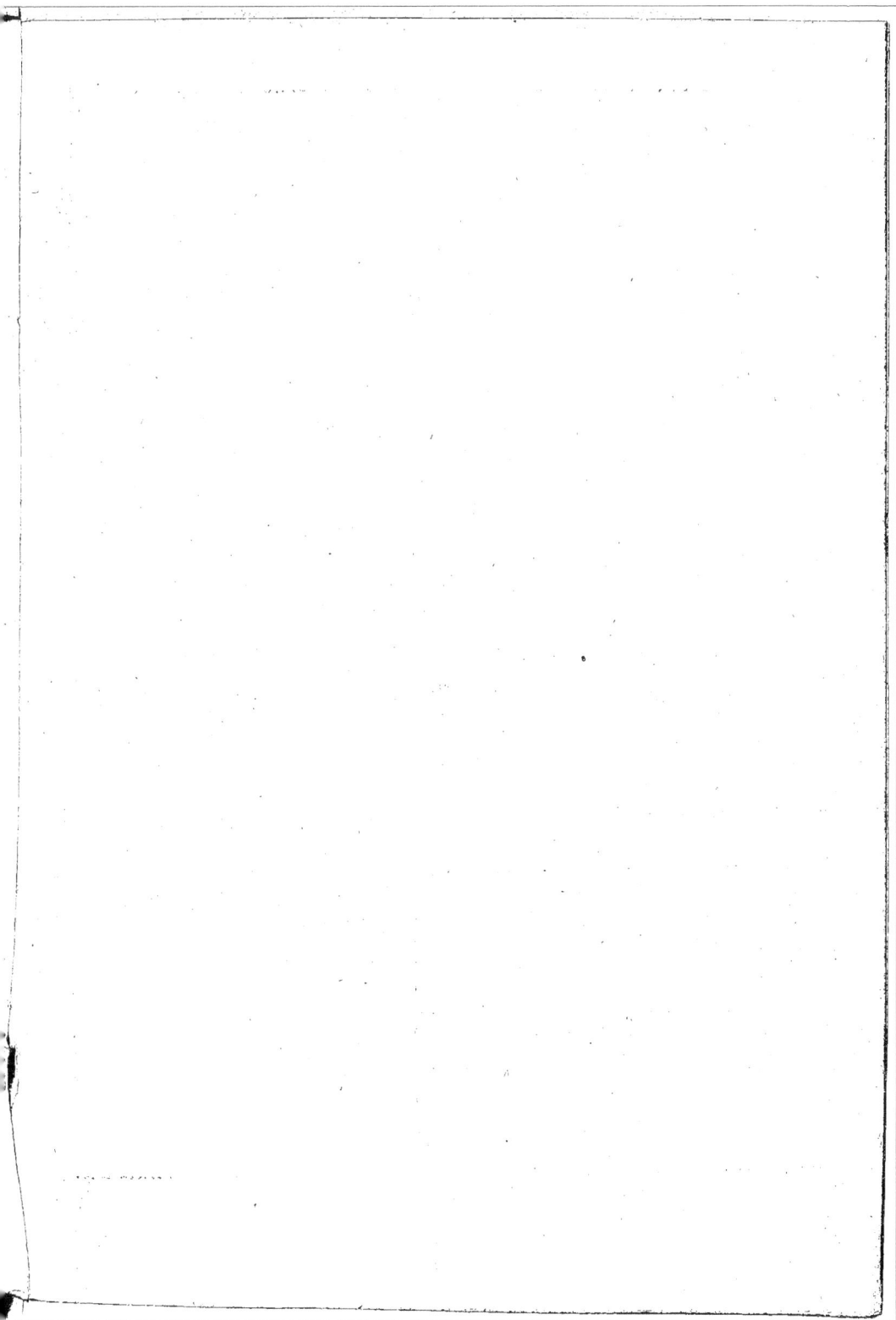

AFRIQUE
dressée
Par M. Bonne, Ingénieur-Hydrographe
de la Marine.

Andre sculp.

L'ITALIE.
Par M. Bonne, Ingénieur-Hydrographe de la Marine.

Milles d'Italie de 60 au Deg.

Lieues communes de France, de 25 au D.º

Milles d'Allemagne, de 15 au Degré

Lieues Marines de 20 au Deg.

Milles de Piemont, de 50 au Degré

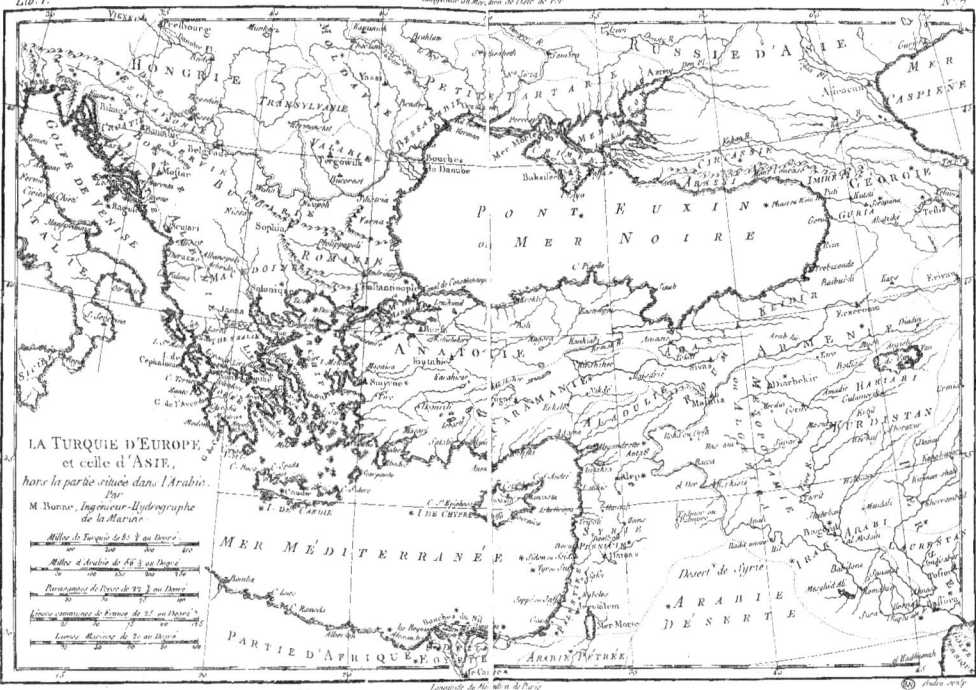

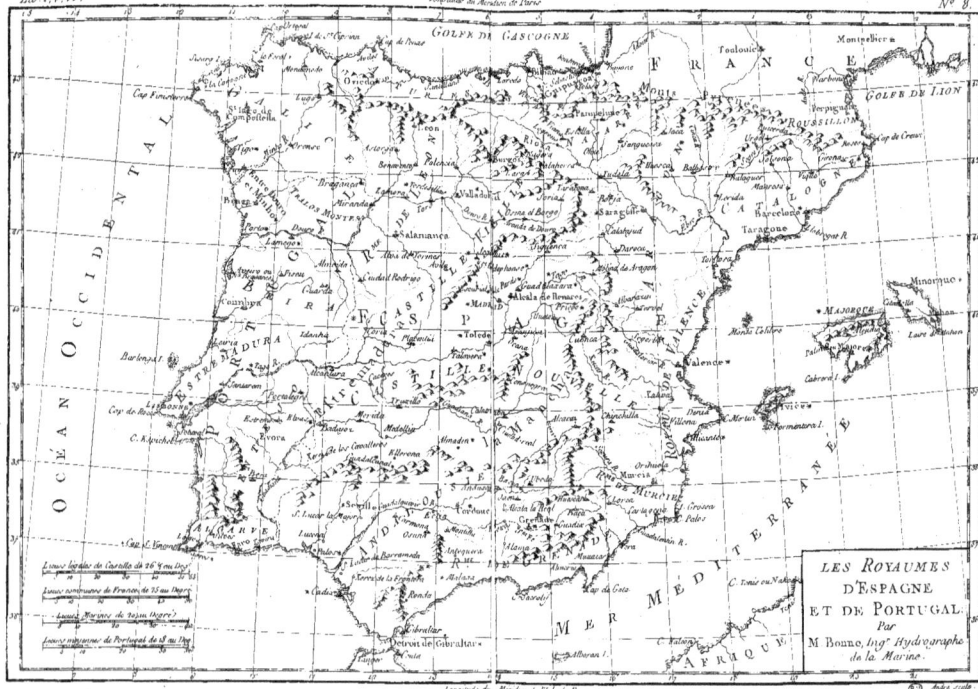

GOLFE DE GASCOGNE

F R A N C E

GOLFE DU LION

O C É A N   O C C I D E N T A L

E S P A G N E

P O R T U G A L

CATALOGNE

MER MÉDITERRANÉE

AFRIQUE

MER

LES ROYAUMES
D'ESPAGNE
ET DE PORTUGAL
Par
M. Bonne, Ingr. Hydrographe
de la Marine.

Longitude du Méridien de l'Isle de Fer

Porto Santo

I. DE MADERE

C. S. Laurent

P.te de Largo'   S. Croix

Funchal

Isles
Desertes

CARTE DES ISLES CANARIES,

AVEC L'ISLE DE MADERE,

ET CELLE DE PORTO SANTO.

Par M. Bonne, Ingenieur Hydrographe de la Marine

Lieues communes de France, de 25 au Degré.

Lieues Marines de France, de 20 au Degré.

Lieues d'Espagne et de Portugal, de 17 ½ au Degré.

O C É A N   A T L A N T I Q U E

les Salvages   27.40
le Gros Piton

Alegranca
Roca de 10.   Roca de l.R.
S.ta Clara   Gratiora

LANCEROTE I. ou Villa
Teguise

C. Marcon   I. de Lobos

P.ta Bachvento'
S.t André'

Punta
Gorda   I. DE PALME
S.t Croix
Vassegada'

I S L E S   C A N A R I E S

P.ta de Nago

l'Orova   Laguna
I. DE TENERIFE
le Pic   S.te Croix
P.ta de Tanca   Gerachico   la Candelaria
P.te del Conda   Villa   Guimar
I. DE GOMERE   Gomere   Cadova
Valle Herm.   Abona
Amiro'   Fialla P.ta   P.te du Prieste

I. DE FER

Oliva
Toson   de Cabras
I. DE FORTAVENTURE
et Golfo   Fortaventure
la Valle

H. L.a D.ea   Tindho   P.te des Negres
N.ra Senora
Handia P.te   Morre Gabio

Cacte
Arguineg.a
Toldo
Ville des Palmes
DE CANARIE
Maspalom.   Condo
P.ta Aganeguir

A F R I Q U E

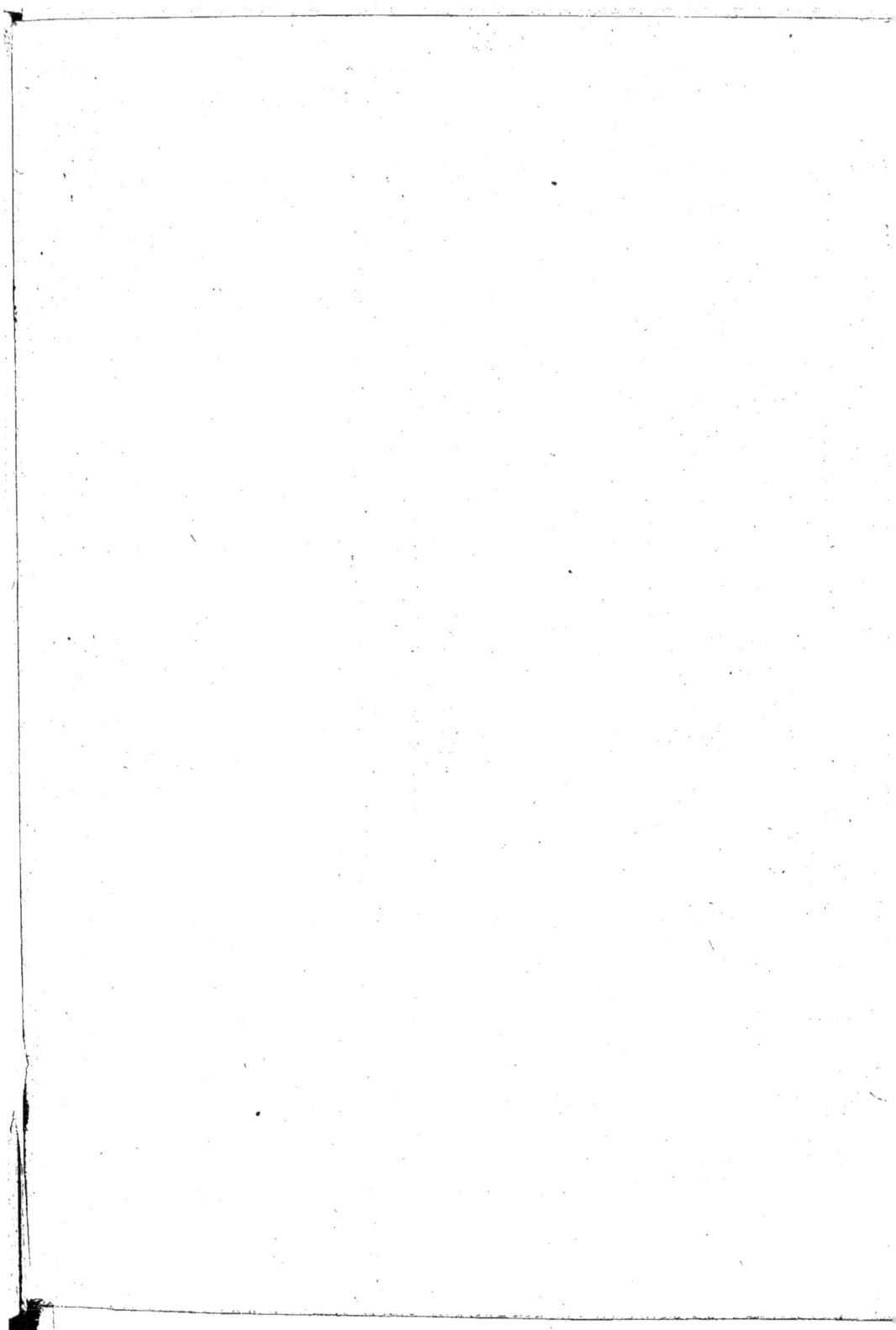

Longitude du Méridien de l'Isle de Fer

HAUTE GUINÉE

Rme de DAHOME
GABOU ESTANNA
ISAGO
Tropaña
BENIN
Ashante
JEDA
ORRE
Lampi
Côte des Graines
ou de Malaguette
Rme de Sanguin
CÔTE DES DENTS
Côte d'Or
Côte des DENTS
QUAQUAS
ULCUMI
ACCRA

Cap S.te Palme
C. Formois

CALBARI
DIAFARA
CALBONGOS
Rme DE MEDRA

MER DE GUINÉE

GOLFE DE GUINÉE

I. Fernando Po
Rme DE MUJACO

I. du Prince
Portugal
Ligne Equinoctiale

I. de S.te Matthieu

I. S.t Thomé
C. S.t Claire

Rme D'ANZICO
MICOCO

C. Lopes Gonçalvo
Ambous
Belle Baie
POMBO

Arewebom
BRAMAS
Rme DE LOANGO

OCEAN MÉRIDIONAL

Malemba
B. de Cabinde
ROYAUME DE CONGO
DEMBO
BATTA AMPLASSA

ANGOLA
Dembo Angonga

I. de l'Ascension

LUBOLO

BENGUELA
Haut Bembé
Bas Bembé

I. S.te Hélène

C. Negro
Cimbebas

ECHELLE
Lieues Portugaises de 17 1/2 au Degré
Lieues communes de France, de 25 au Degré
Lieues Marines de 20 au Degré

Longitude du Méridien de l'Isle de Paris

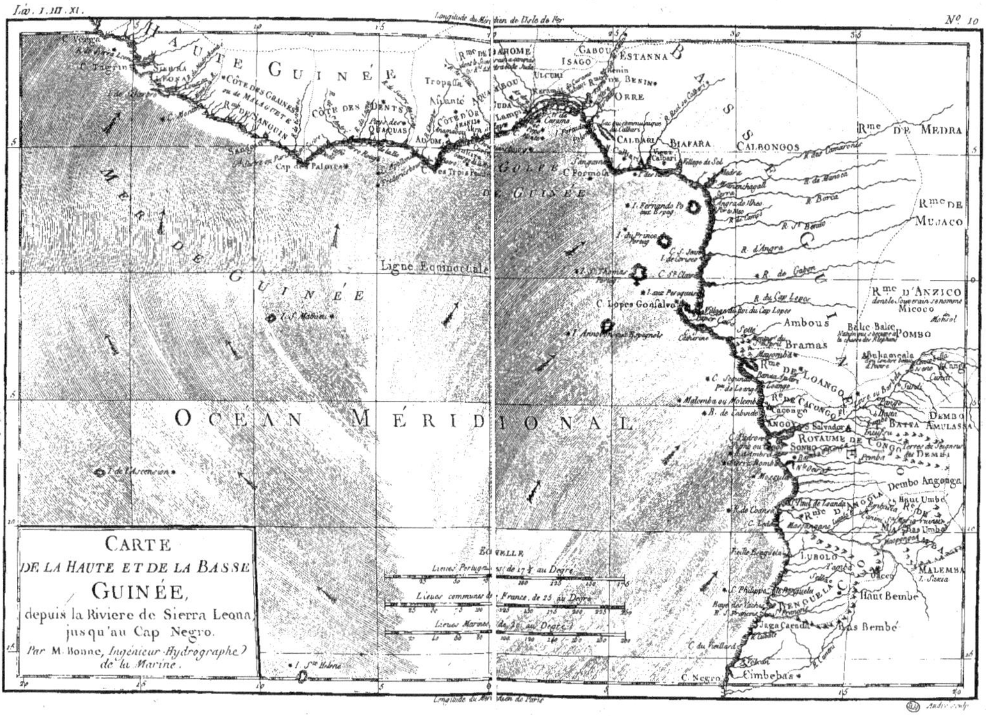

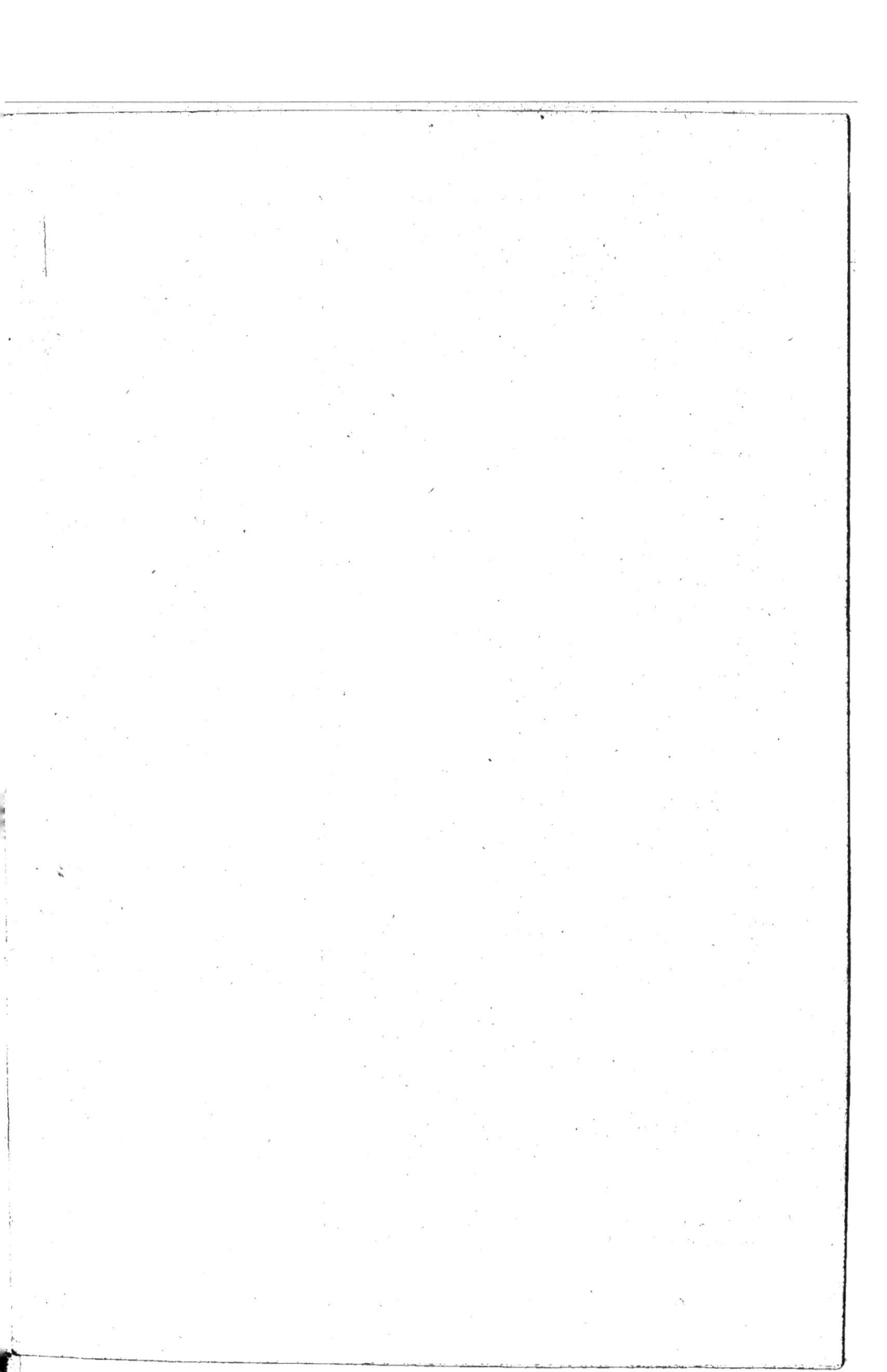

PARTIE D'AFRIQUE

ISLE DE MADAGASCAR

CANAL DE MOSAMBIQUE

Rᵐᵉ DE MONGALLO

ÉTAT DE MONOMOTAPA

Rᵐᵉ DE SOFALA

Rᵐᵉ D'INHASCA

Rᵐᵉ D'INHAMBANE

Swarte Land

LES HOTTENTOTS

Tropique du Capricorne

Melinde
Mombase
Zanzibar
Quiloa
Mozambique
Sofala

S. Helena Baay
I. Dassen
I. Robben
Tafel Baay ou Baye de la Table
False Baay
Cap de Bonne Espérance
Cabo ou Cap False

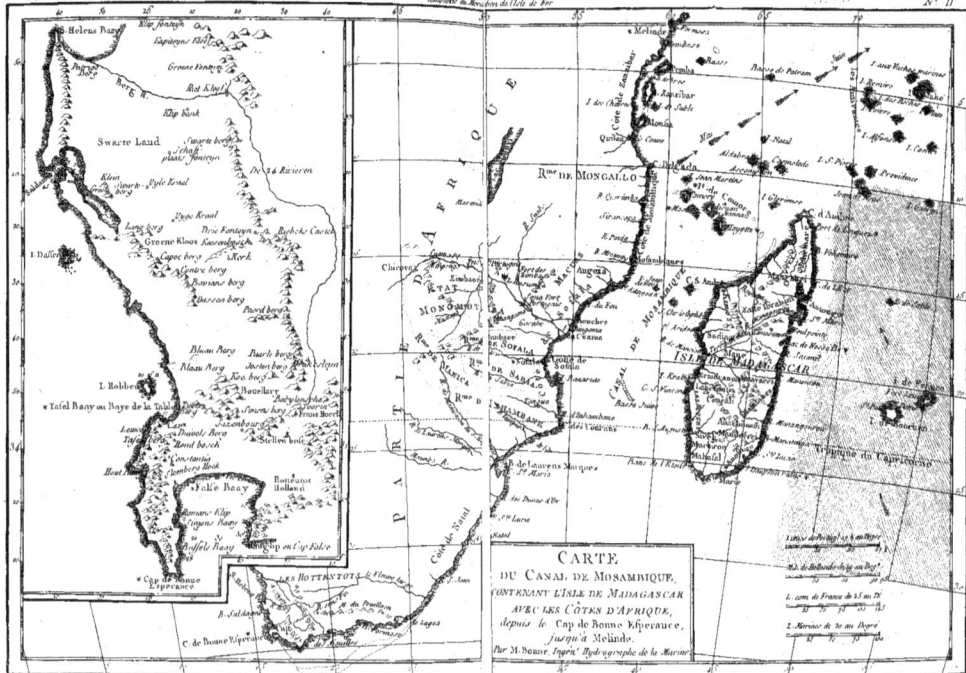

CARTE
DU CANAL DE MOSAMBIQUE,
CONTENANT L'ISLE DE MADAGASCAR
AVEC LES CÔTES D'AFRIQUE,
depuis le Cap de Bonne Espérance,
jusqu'à Melinde.
Par M. Bonne, Ingénᵉ Hydrographe de la Marine.

L. com. de France de 25 au Dᵉ

L. Marines de 20 au Degré

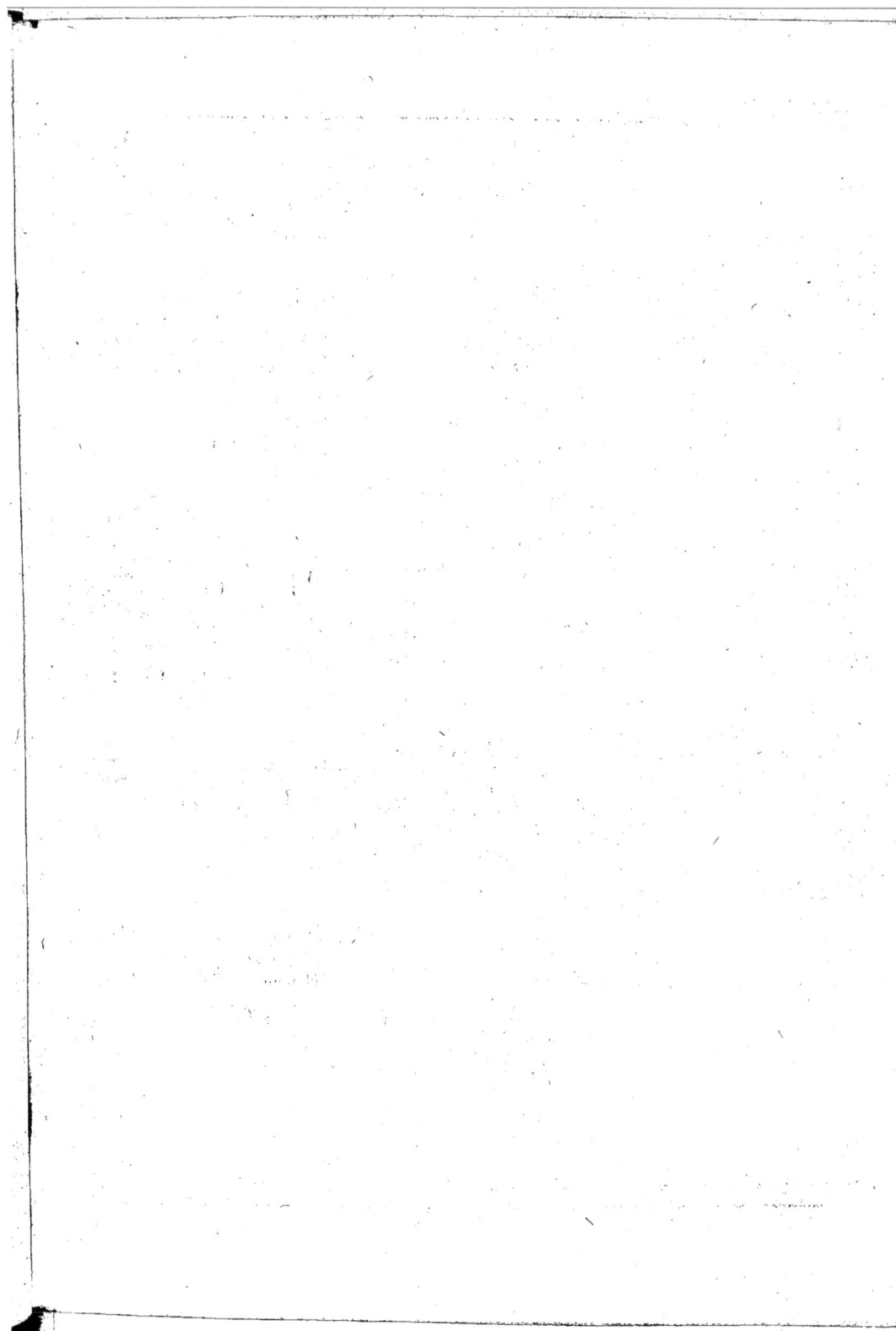

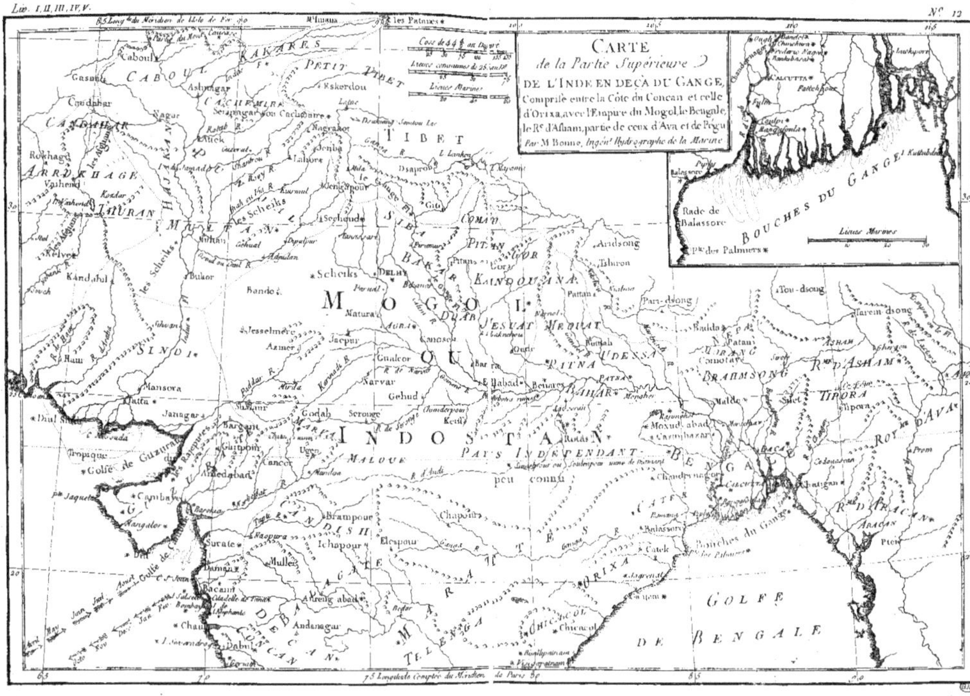

CARTE
de la Partie Supérieure
DE L'INDE EN DEÇA DU GANGE,
Comprise entre la Côte du Concan et celle
d'Orixa, avec l'Empire du Mogol, le Bengale,
le R.me d'Assam, partie de ceux d'Ava et de Pegu
Par M. Bonne, Ing.r Hydrographe de la Marine

BOUCHES DU GANGE

Rade de Balassore

P.te des Palmiers

Lignes Marines

TIBET

PETIT TIBET

CABOUL

CACHEMIRE

MOGOL OU INDOSTAN

SINDI

MULTAN

BAYOUANA

BRAHMSONG

R.me d'ASHAM

TIPORA

ROY D'AVA

BENGALE

PAYS INDEPENDANT peu connu

ORIXA

TELENGA

MALABAR

DECCAN

GOLFE DE BENGALE

Golfe de Cambaye

Surate

Golfe de Guzarate

N° 12

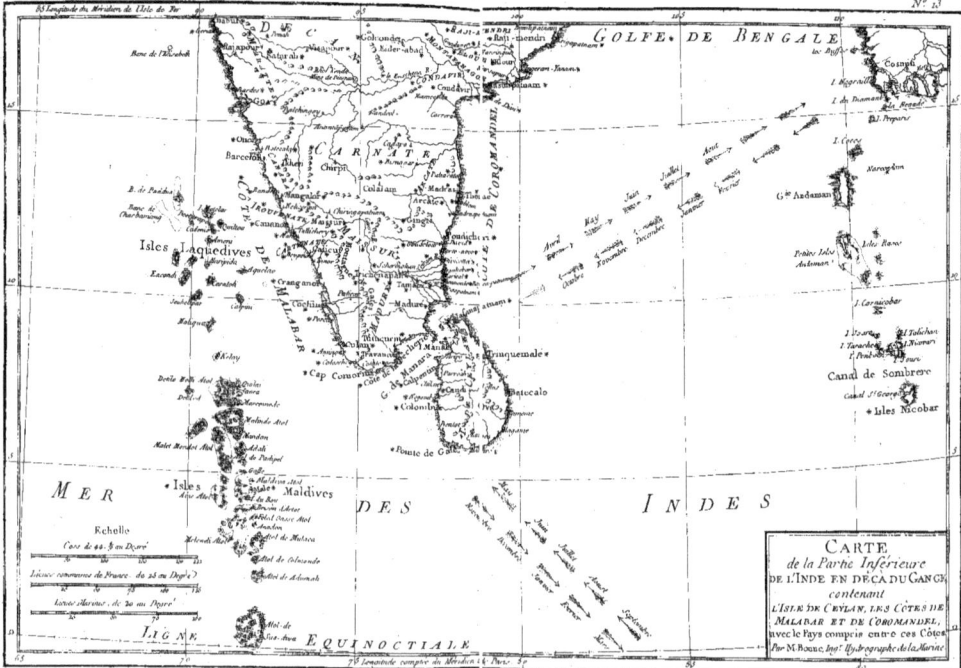

GOLFE DE BENGALE

CARNATE

MER DES INDES

Isles Laquedives

Isles Maldives

Cap Comorin

Pointe de Gale

LIGNE ÉQUINOCTIALE

Echelle

Canal de Sombrero

Isles Nicobar

CARTE
de la Partie Inférieure
DE l'INDE EN DEÇA DU GANGE
contenant
L'ISLE DE CEYLAN, LES CÔTES DE
MALABAR ET DE COROMANDEL,
avec le Pays compris entre ces Côtes
Par M. Bonne, Ing.ʳ Hydrographe de la Marine

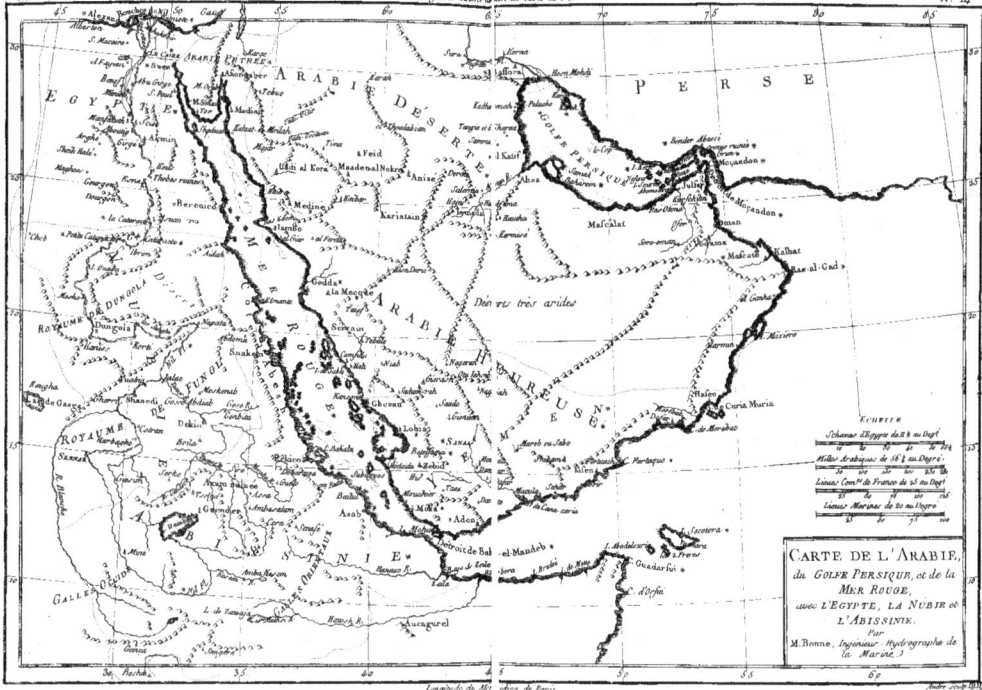

CARTE DE L'ARABIE,
du GOLFE PERSIQUE, et de la
MER ROUGE,
avec L'EGYPTE, LA NUBIE et
L'ABISSINIE.
Par
M. Bonne, Ingénieur Hydrographe de
la Marine.

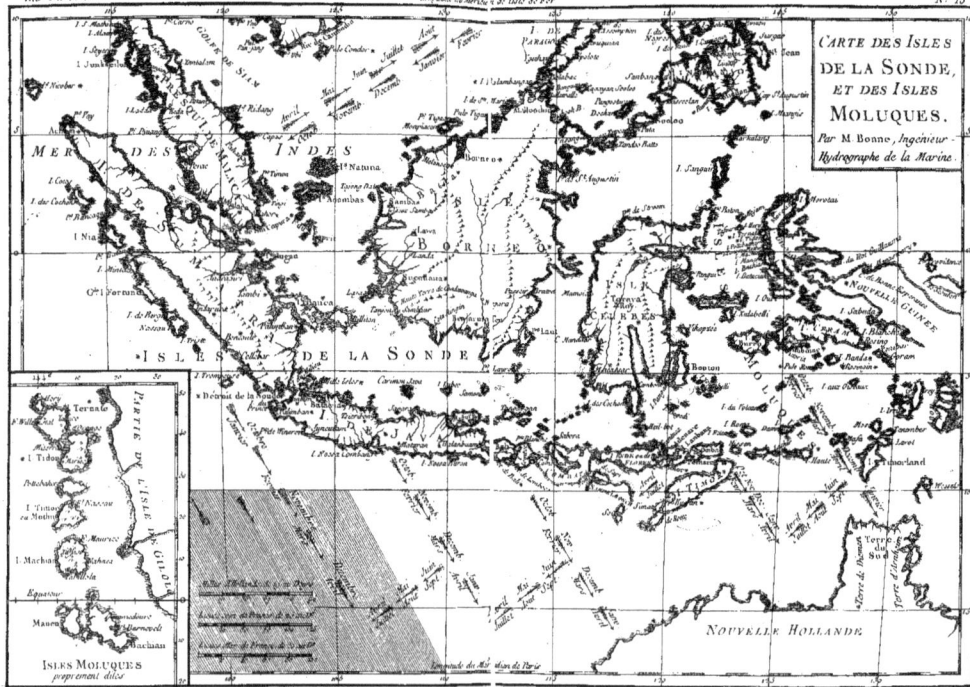

CARTE DES ISLES
DE LA SONDE,
ET DES ISLES
MOLUQUES.

Par M. Bonne, Ingénieur
Hydrographe de la Marine.

CARTE
DE L'EMPIRE DE LA CHINE,
DE LA TARTARIE CHINOISE, ET DU ROYAUME DE CORÉE:
avec les Isles du Japon.
Par M. Bonne, Ingénieur-Hydrographe de
la Marine.

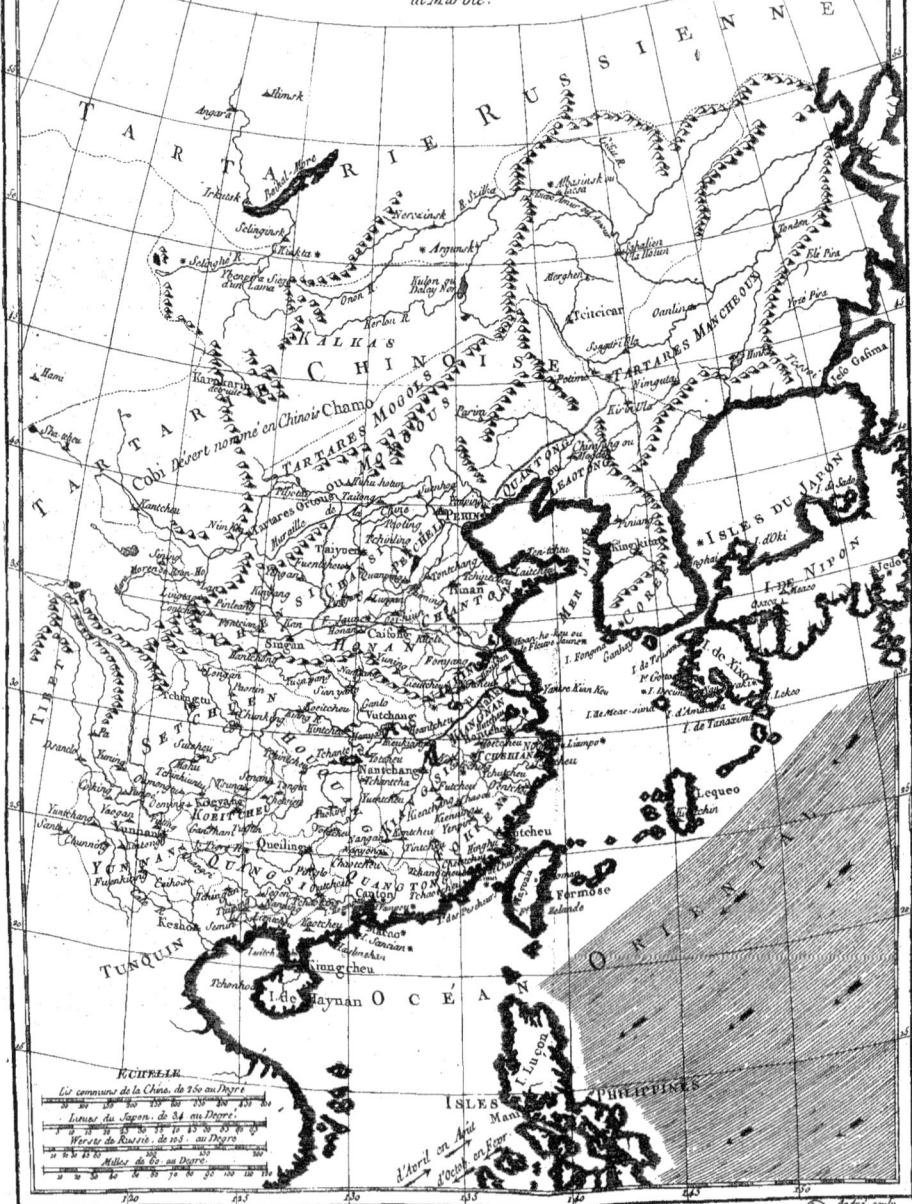

TARTARIE RUSSIENNE

TARTARIE CHINOISE

Ilimsk
Angara R.
Irkutsk
Baïkal lac
Nercinsk
Selinginsk
Kiakta
Selinghe R.
Thonga Sain
d'un Lama
Onon R.
Kerlon R.
Argunsk
Hulon Sou
Dalay Nor
Morghen
Tciticicar
Oanlin
Albazinsk ou
SIOM
Saghalien
ila Hotun
Sanghi Ula
Nimguta
Yu's Pira
Yeso Gasima
Tondon
El's Pira

KALKAS

TARTARES MONGOLS
OU MONGOUS

TARTARES MANCHEOUS

Hami
Karakum
deserte
Cobi Désert nommé en Chinois Chamo
Muhu hotun
Piletcho
Tartares Ortous
Merallo
Tsilang
de la Chine
Piloting
Tchonling
Tchonghung
Potonce
Karin
QUANTONG
LEAOTONG
Kirin Ula
Pinian
Kingkitao

MER JAUNE

Shou-tcheu
Kantcheu
Nim Kia
Sining
Taiyuen
Fuentcheu
Singan
Honan
Caïfom
Quangping
Tsinan
Linsang
CHANTON
Ten-tsing
Schu-tcheu
Laitcheu
Ivo-ho tao ou
Fleuve Jaune

CORÉE

ISLES DU JAPON
d'Oki
Sado
I. DE NIPON
Jedo
Maaco
OSACO

TIBET
Oranbu
Pa
Naning
Tchingtu
Suntheu
Teou-tcheu
Ganlo
Vutchang
SE TCHUEN
HONQUAN
CURIAM

HOU QUANG

Singan
Honan
Tchanti
Jugan
Sun yeu
Loritcheu
Fortming
Kiem
Honan
Liampo

KIANGNAN
Hotcheu
Nanquin
Souitcheu

Yuikiang
Quamsin
Tchékiang
Ningpo

Yunnan
Quei yang
ROEITCHEU
KIANGSI
Nanchang
Tchenchu
Yukatchu
Kientchu
Fokien
Futcheu
Tsuenchu
Hinghoa
Tchinan

Yuntchang
Yaogan
Santha
Yunnan
YUNNAN
QUANGSI
QUANGTON
Kouhore
Outchu
Quelimes
Pose
Vutcheu
Fotcheu
Quantcheu
Canton
Macao

Keshan
Nanneu
Lienchu
Lienchu
Leitcheu
TUNQUIN
Tchenheu
Kiongcheu
I. de Haynan
O C É A N

Lequeo
Formose
Holande

ISLES DU JAPON
I. Luçon
Manille
PHILIPPINES
d'Avril en Août
d'Octob. en Fev.

OCÉAN ORIENTAL

ÉCHELLE.
Lis communs de la Chine, de 250 au Degré.
Lieues du Japon, de 34 au Degré.
Werst de Russie, de 105 au Degré.
Milles, de 60 au Degré.

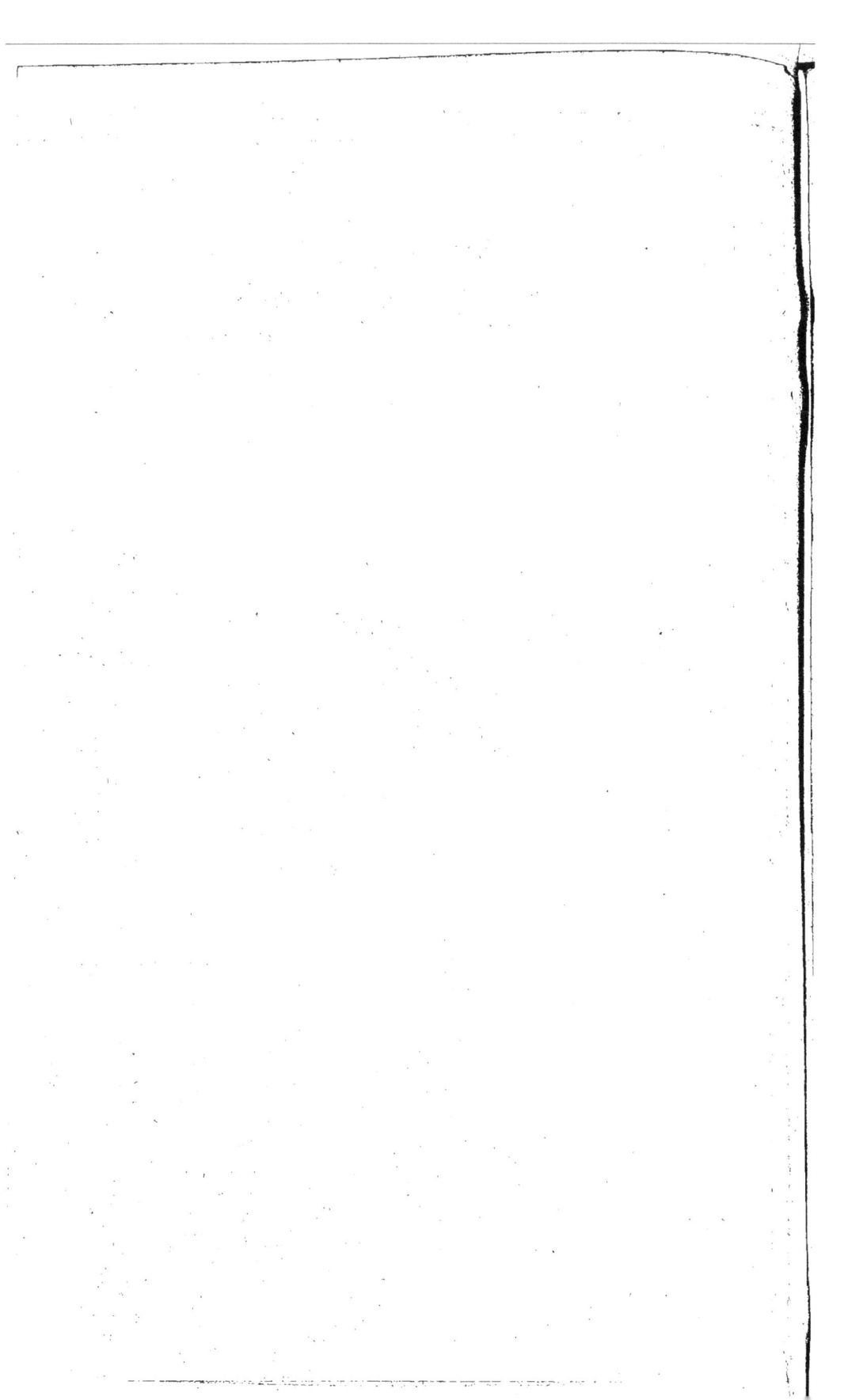

CARTE DE LA HOLLANDE
prise en général
CONTENANT LES SEPT PROVINCES UNIES
DES PAYS BAS
Par M. Bonne Ingénieur-Hydrographe de la Marine

Milles de Hollande de 15 au Degré — Milles

Lieues commune de France de 25 au Degré — 5 Lieues

Lieues Marines de 20 au Degré — Lieues

PRINCIPAUTE D'OOST FRISE

SEIGNEURIE DE GRONINGUE

SEIGNEURIE DE FRISE

Winschote

Leuwarden

Docum

EVECHE D'OSNABRUCK

Embden

ZUIDERZEE

SEIGN. D'UTRECHT

COMTE DE ZUTPHEN

COMTE DE BENTHEIM

Oldenzel

Deventer

Amersfort

Utrecht

Arnheim

Nimegue

Munster

Embouchure de la Meuse

I. de Goerée

Terre de Bois

I. de Schouven

I. de Walkeren

Middelbourg

BRABANT HOLLANDOIS

DUCHE DE CLEVES

GELDRE

Venlo

Eyndhoven

Ruremonde

Maëstrick

COMTE DE LA MARCK

DUCHE DE BERG

Dusseldorp

Ostende

Bruges

Anvers

FLANDRE

Dunkerque

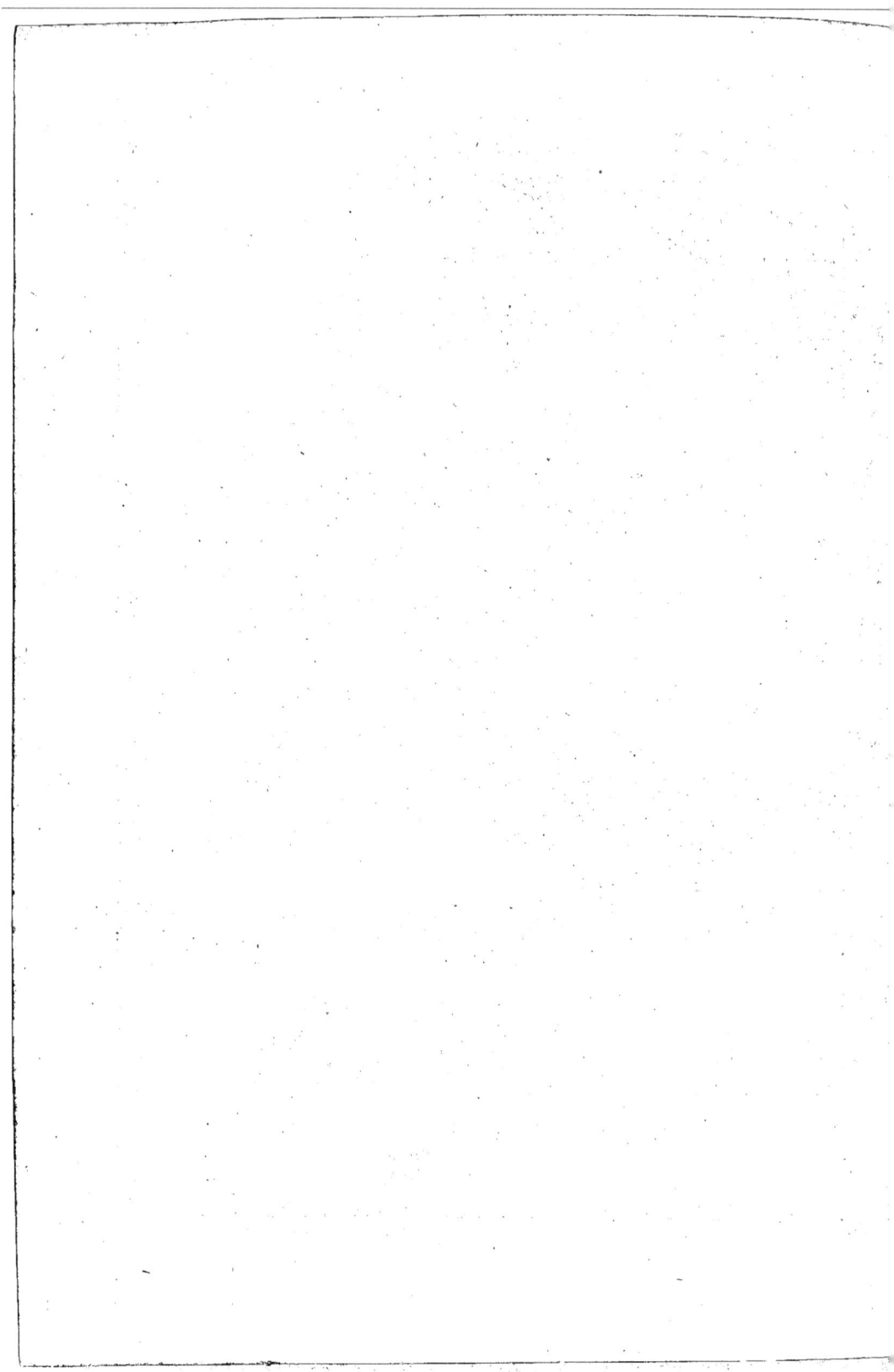

CARTE

DES ISLES BRITANNIQUES,

contenant les Royaumes

D'ANGLETERRE, D'ECOSSE

ET D'IRLANDE.

Par M. Bonne, Ingénieur-Hydrographe
de la Marine.

ISLES SCHETLAND

ISLES ORCADES

MER DU NORD

MER D'ECOSSE

ISLES WESTERNES

MER D'IRLANDE

MER D'ALLEMAGNE

Neuf Aberdeen

North Riding

I. de Man

York

CONNACT

LEINSTER

ULSTER

MUNSTER

Dublin

Galway

Limerick

Wexford

Wicklow

LINCOLN

Norwich

I. d'Anglesey

Caernarvon

Cardigan

B. de Cardigan

LANCASTER

West Riding

East Riding

CANAL ST GEORGE

Canal de Bristol

Bath

Salisbury

Southampton

Exeter

DEVON

CORNWALL

Cap Cornwalle

Lizard-Land

S.t Marie

Falmouth

C. Lezard

Sorlingues

Plymouth

Dartmouth

Portland

I. de Wight

Chichester

LA MANCHE

I. Aurigny

I. Grenesey

I. Jersey

le Havre

ROUEN

Dieppe

Fécamp

Milles Statués de 69 ½ au Degré

Milles d'usage dans les 3 R.mes de 60 au Degré

Lieues communes de France, de 25 au Degré

Lieues Marines de 20 au Degré

CARTE DE LA PERSE, DE LA GÉORGIE,
ET DE LA TARTARIE INDÉPENDANTE.
Par M.r Bonne Ingénieur-Hydrographe de la Marine.

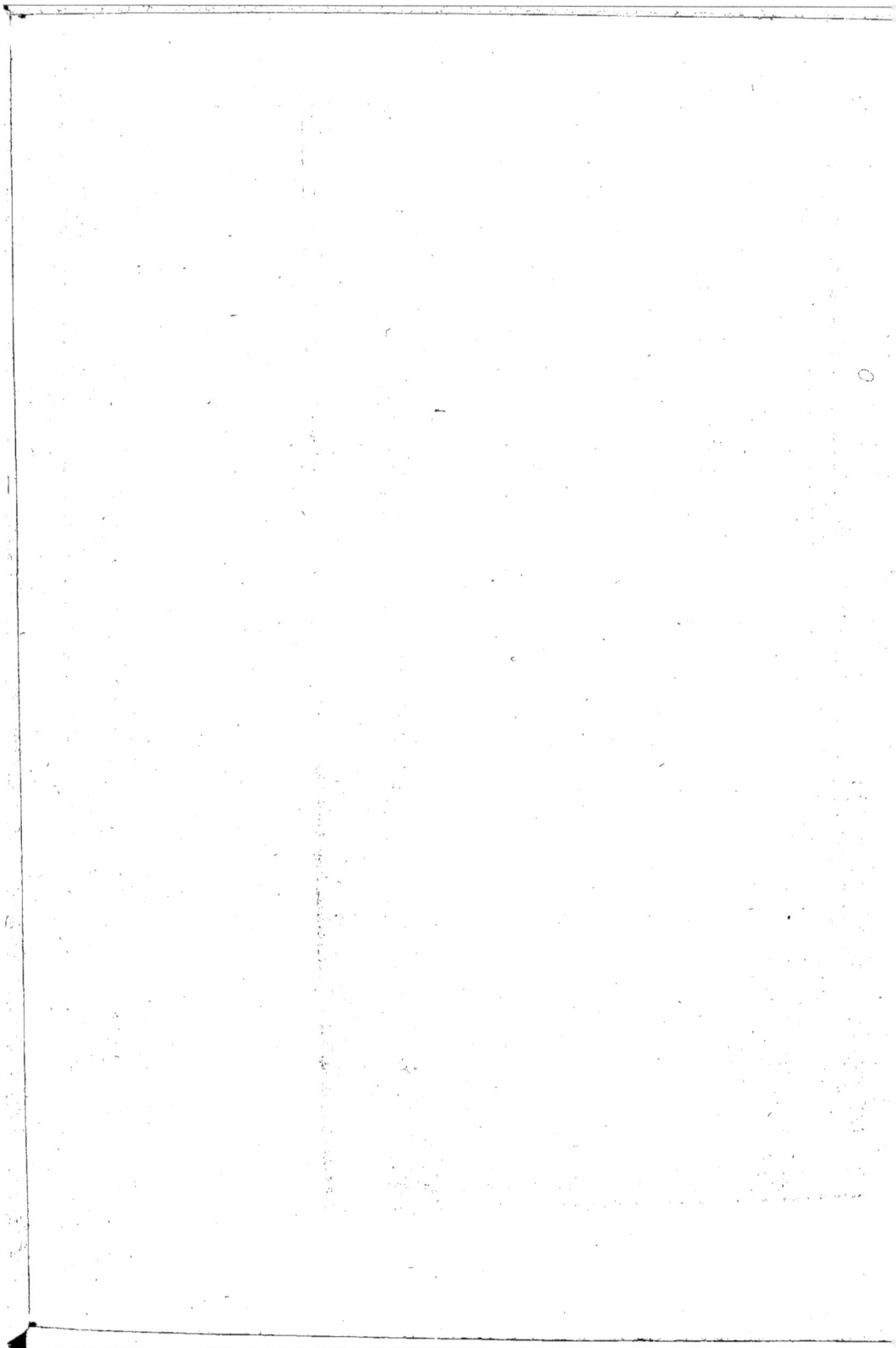

Longitude du Merid.en de l'Isle de Fer

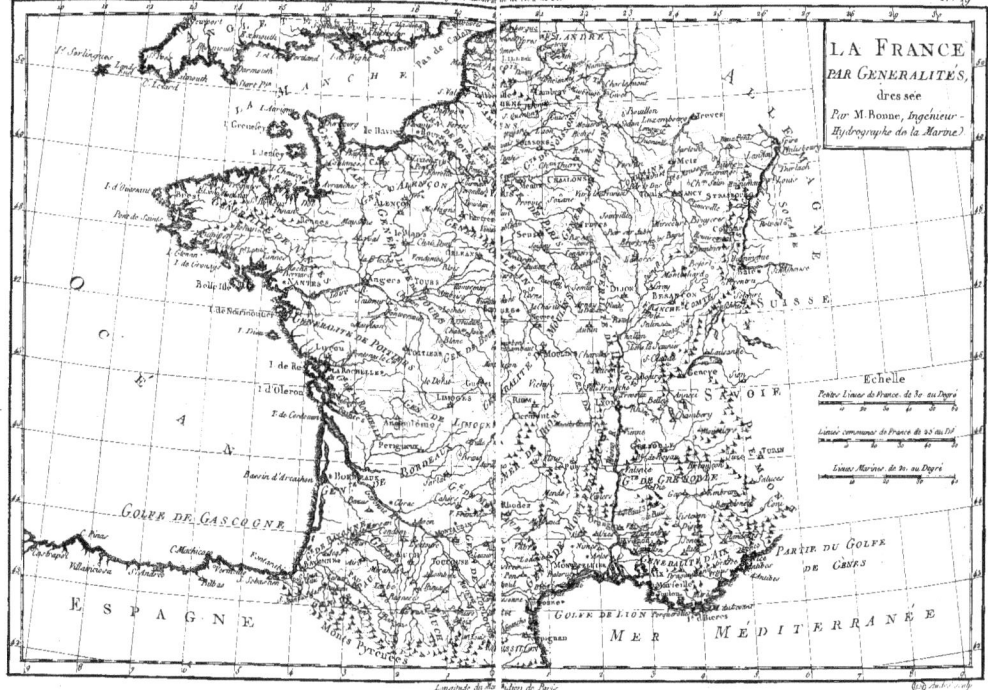

LA FRANCE
PAR GENERALITÉS,
dres sée
Par M. Bonne, Ingénieur -
Hydrographe de la Marine

MANCHE

O C E A N

GOLFE DE GASCOGNE

ESPAGNE

SUISSE

SAVOIE

C.té DE GRENOBLE

MER

PARTIE DU GOLFE
DE GENES

GOLFE DE LION

MER MÉDITERRANÉE

Echelle
Petites Lieues de France, de 3o. au Degré

Lieues communes de France de 25 au Deß

Lieues Marines de 20. au Degré

Longitude du Ma.idien de Paris

I. BOURBON

I. DE FRANCE.

CARTES PARTICULIERES

des Isles de France, de Bourbon et

de Rodrigue.

I. RODRIGUE

Echelle commune aux trois Cartes particulieres.

Lieues Marines de 20 au Degré.

Lieuses communes de France de 25 au Degré.

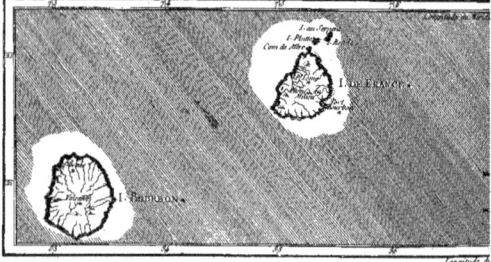

I. DE FRANCE.

I. BOURBON

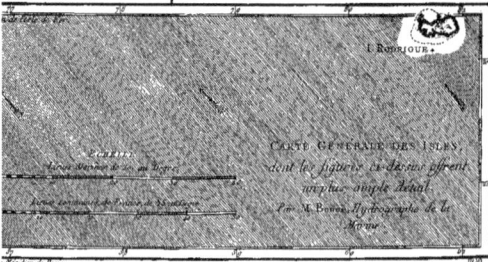

I. RODRIGUE

CARTE GÉNÉRALE DES ISLES,

dont les figures ci-dessus offrent

un plus ample détail.

Par M. Bonne, Hydrographe de la

Marine.

Longitude du Meridien de Paris.

LE NORD DE L'EUROPE,
Contenant
LE DANEMARK, LA NORWEGE,
LA SUEDE ET LA LAPONIE,
avec la Majeure Partie
de la Russie Européenne.
Par M. Bonne,
Ingénieur - Hydrographe
de la Marine

MER GLACIALE

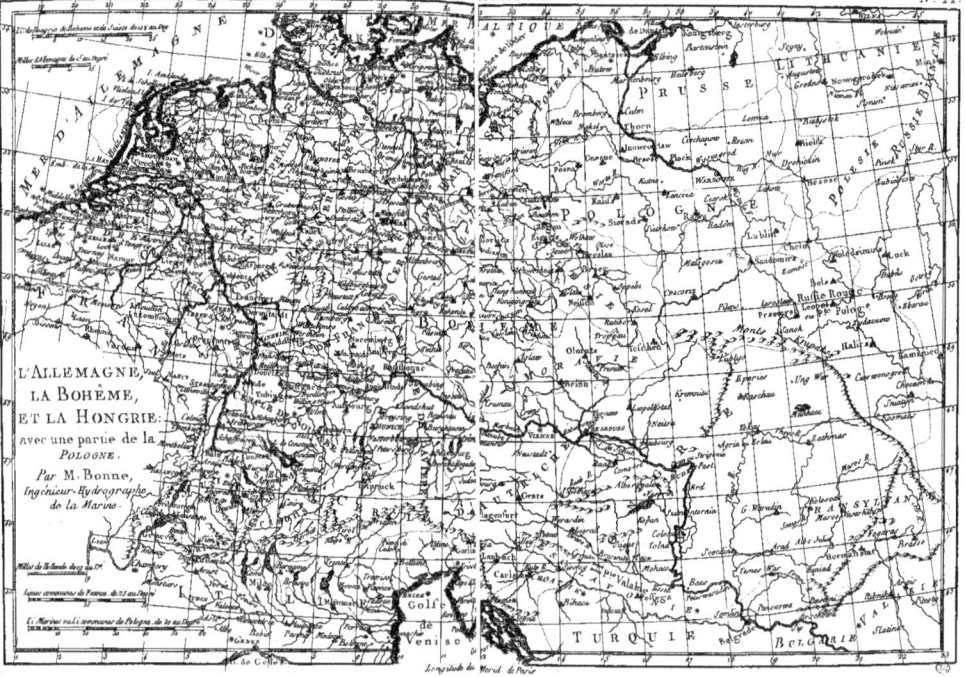

L'ALLEMAGNE,
LA BOHÊME,
ET LA HONGRIE;
avec une partie de la
POLOGNE.
Par M. Bonne,
Ingénieur-Hydrographe
de la Marine.

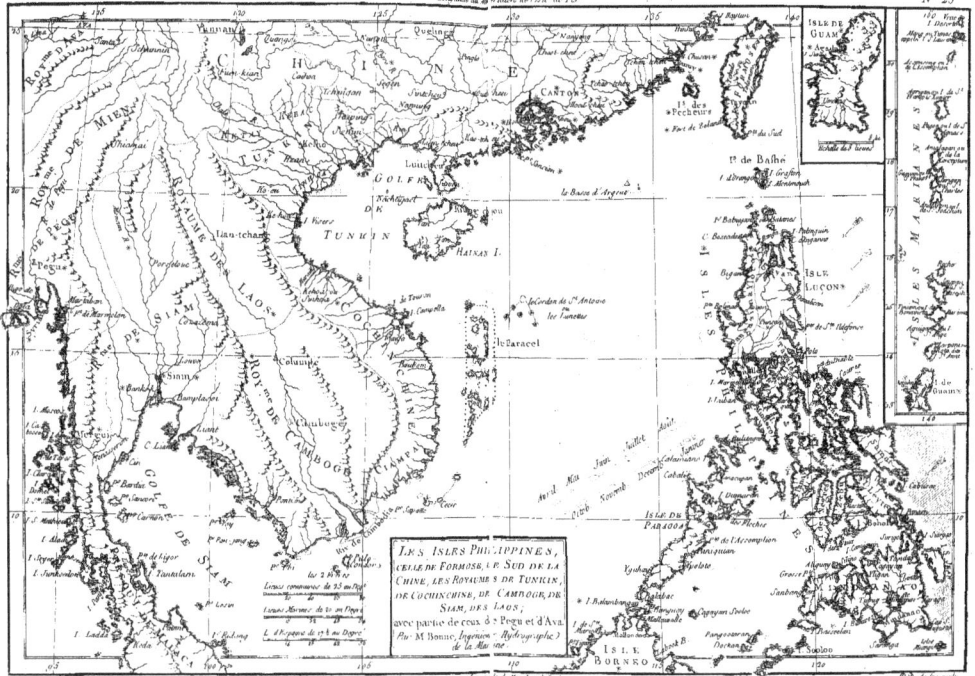

LES ISLES PHILIPPINES,
CELLE DE FORMOSE, LE SUD DE LA
CHINE, LES ROYAUMES DE TUNKIN,
DE COCHINCHINE, DE CAMBOGE, DE
SIAM, DES LAOS;
avec partie de ceux de Pegu et d'Ava.
Par M. Bonne, Ingénieur Hydrographe
de la Marine.

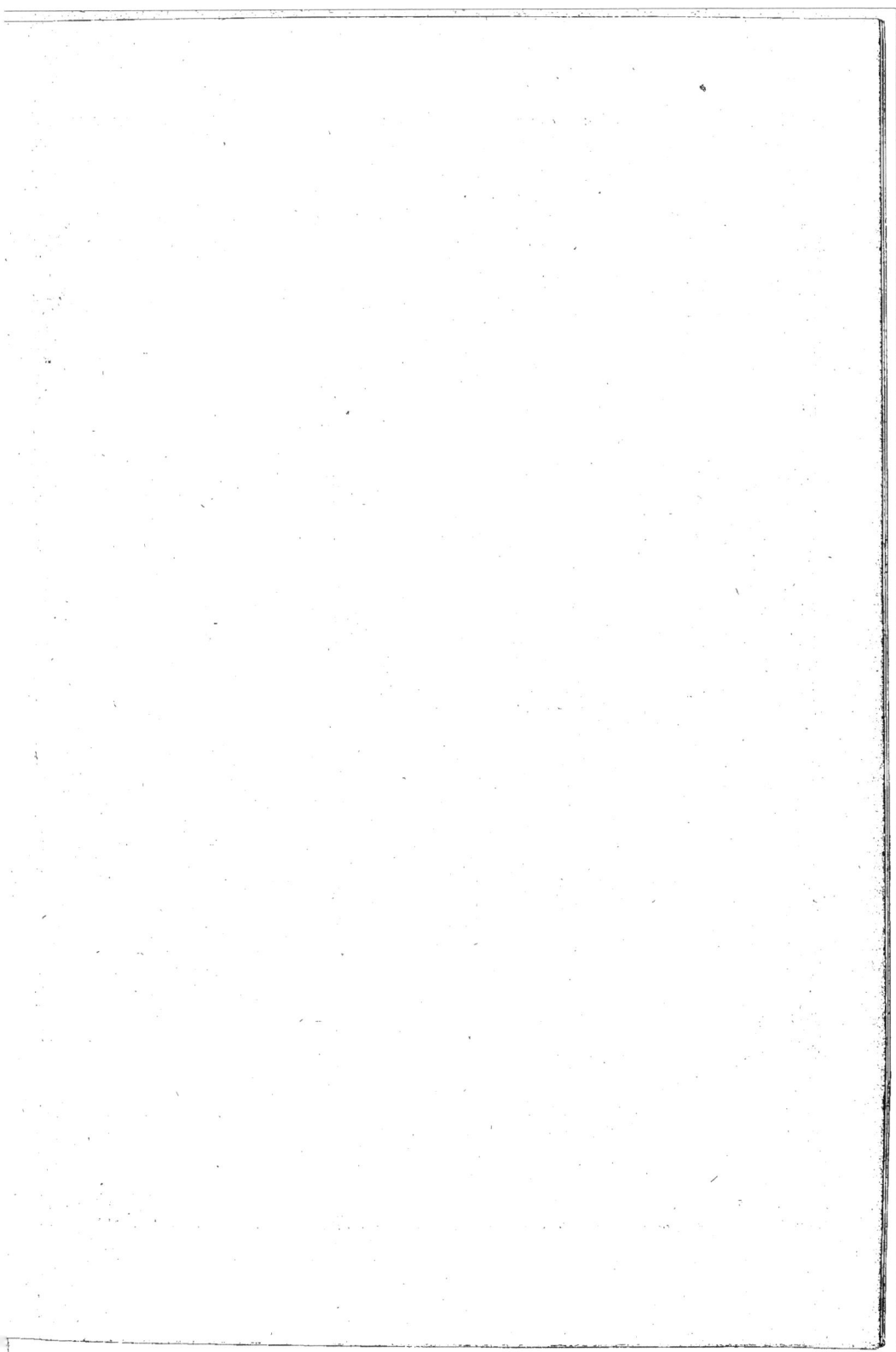

CARTE DE L'EMPIRE DE RUSSIE,
EN EUROPE ET EN ASIE.

Par M. Bonne, Ingénieur-Hydrographe
de la Marine.

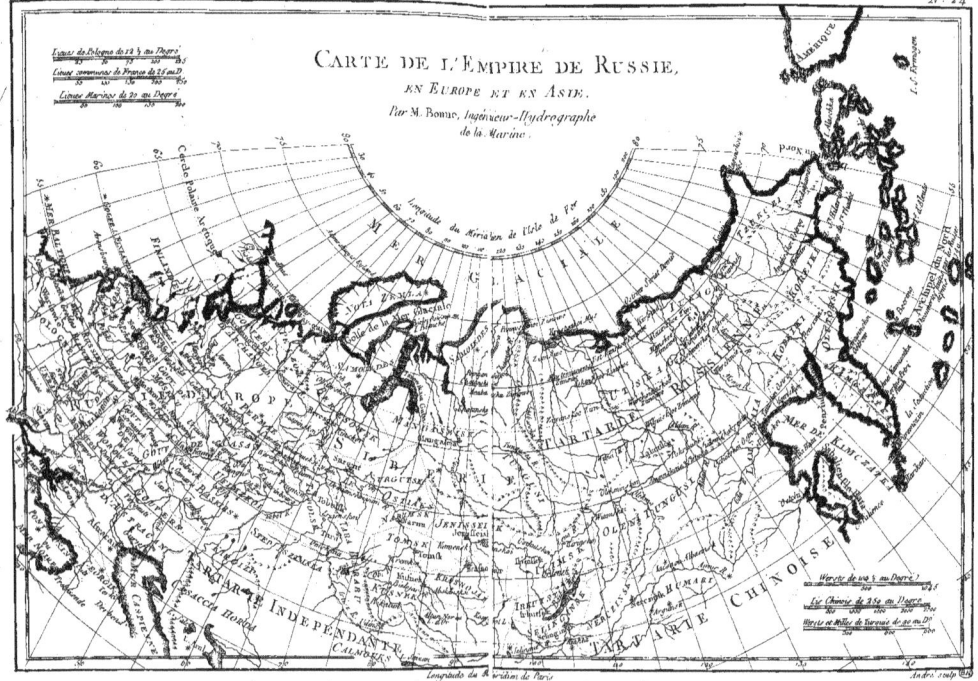

AMÉRIQUE
SEPTENTRIONALE.

Par M. Bonne, Ingénieur - Hydrographe
de la Marine .

MER DU NORD OU

MER PACIFIQUE

Cercle Polaire Arctique

BAY DE BAFFIN

GROENLAND

BAYE D'HUDSON

LABRADOR

CANADA

ASSENIPOUELS

OCEAN ATLANTIQUE

LOUISIANE

NOUE MEXIQUE

Tropique du Cancer

GOLFE DU MEXIQUE

AMÉRIQUE
MERIDIONALE

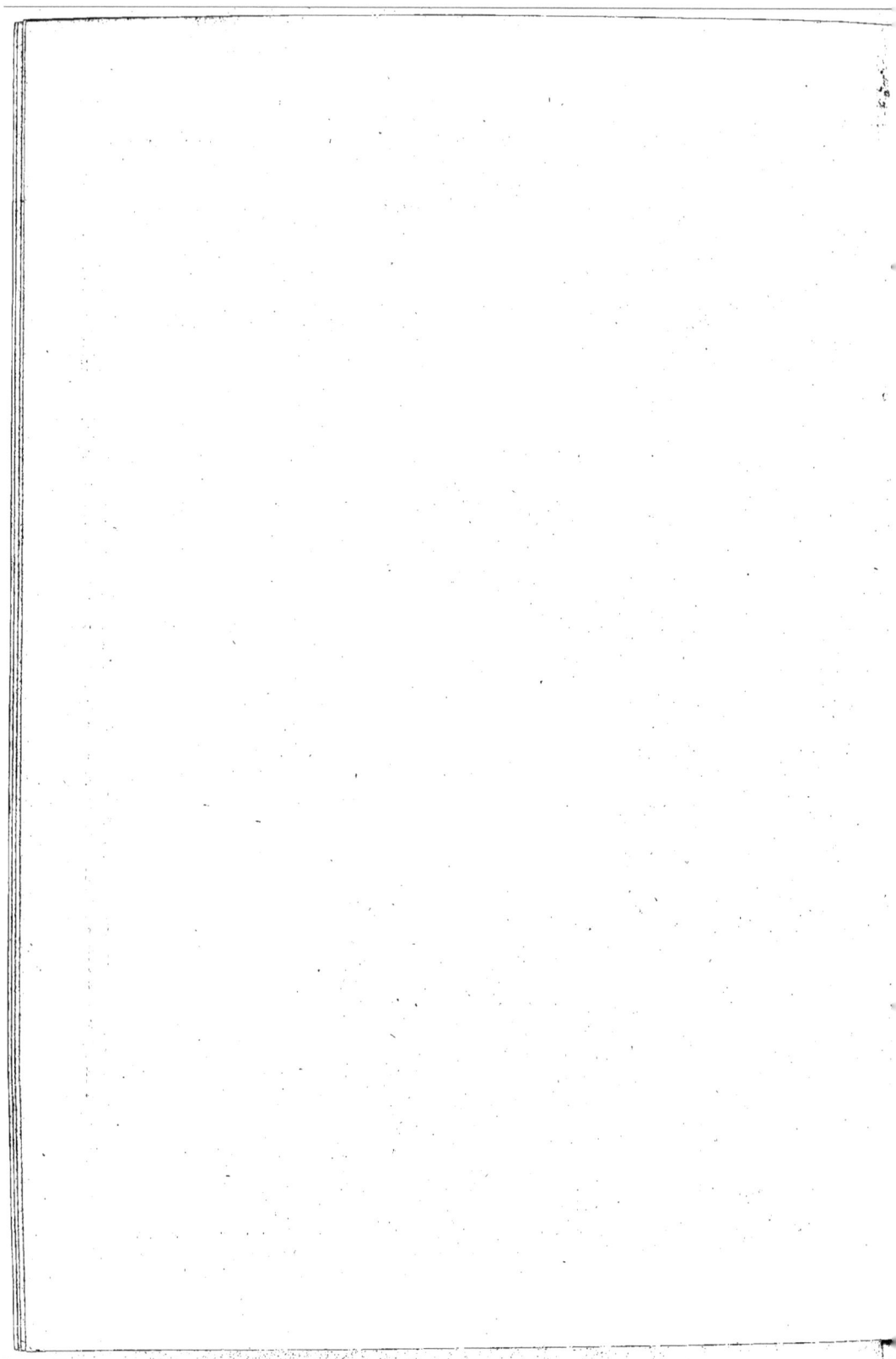

LES ISLES ANTILLES,
ET LE
GOLFE DU MÉXIQUE.
Par M.ʳ Bonne, Ingenieur-Hydrographe de la Marine.

LES BERMUDES

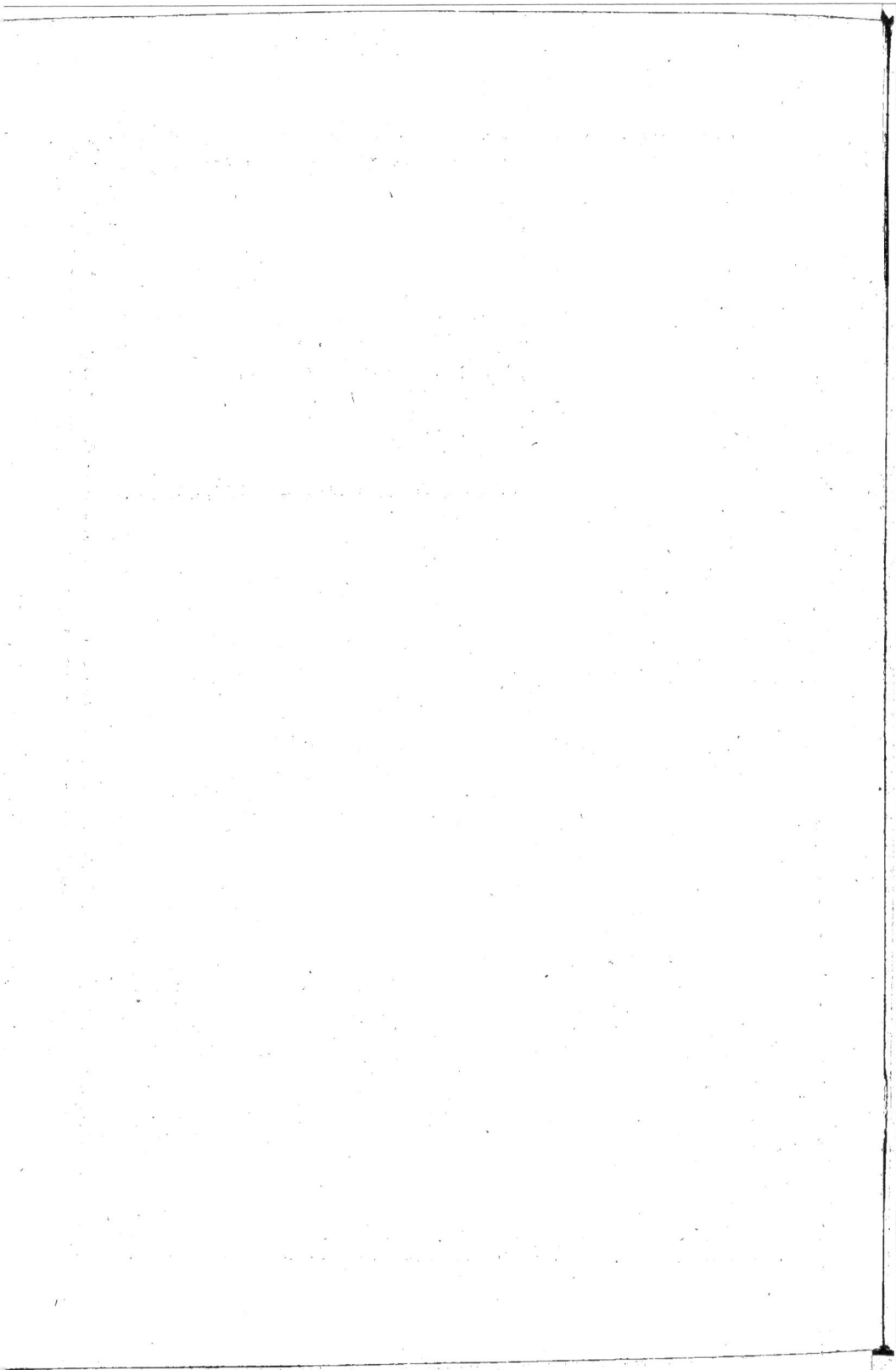

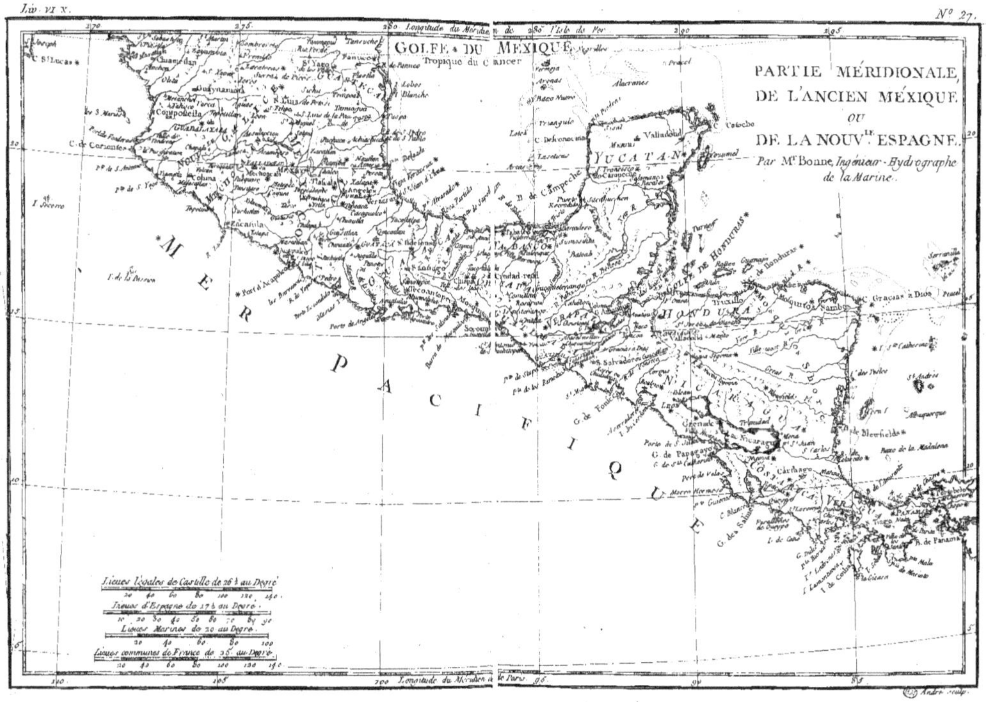

GOLFE DU MEXIQUE

Tropique du Cancer

PARTIE MÉRIDIONALE,
DE L'ANCIEN MÉXIQUE
OU
DE LA NOUV.LE ESPAGNE.
Par M.r Bonne, Ingénieur-Hydrographe
de la Marine.

YUCATAN

MER

PACIFIQUE

GOLFE DE HONDURAS

N. CAR

Lieues Légales de Castille de 26½ au Degré

Lieues d'Espagne de 17½ au Degré

Lieues Marines de 20 au Degré

Lieues communes de France de 25 au Degré

LE NOUVEAU MÉXIQUE,
AVEC LA PARTIE SEPTENTRIONALE DE L'ANCIEN
OU DE LA NOUVELLE ESPAGNE.
Par Mr. Bonne, Ingénieur Hydrographe de la Marine.

MER PACIFIQUE.

GOLFE DU MEXIQUE.

YUCATAN.

MER DU NORD

NOUV.le ANDALOUSIE ou PROV. DE GUYANE

GOUV. DE GRENADE

LIGNE ÉQUINOCTIALE

PAYS DES AMAZONES

BRÉSIL

GOUV. DE MARANON

CAMPOS DE PARÉXIS

GOUV. DE GOYAS

MOXOS

MATO GROSSO

MINAS GÉRÈS

CHICO

MER DU SUD

Tropique du Capricorne

TUCUMAN

PAPIZLAGA

TUCUMAN

Guaranis

GOUV. DE RIO

JANEIRO

CHILI

BUENOS

CORD

Pampas

PATAGONS

OCÉAN MÉRIDIONAL

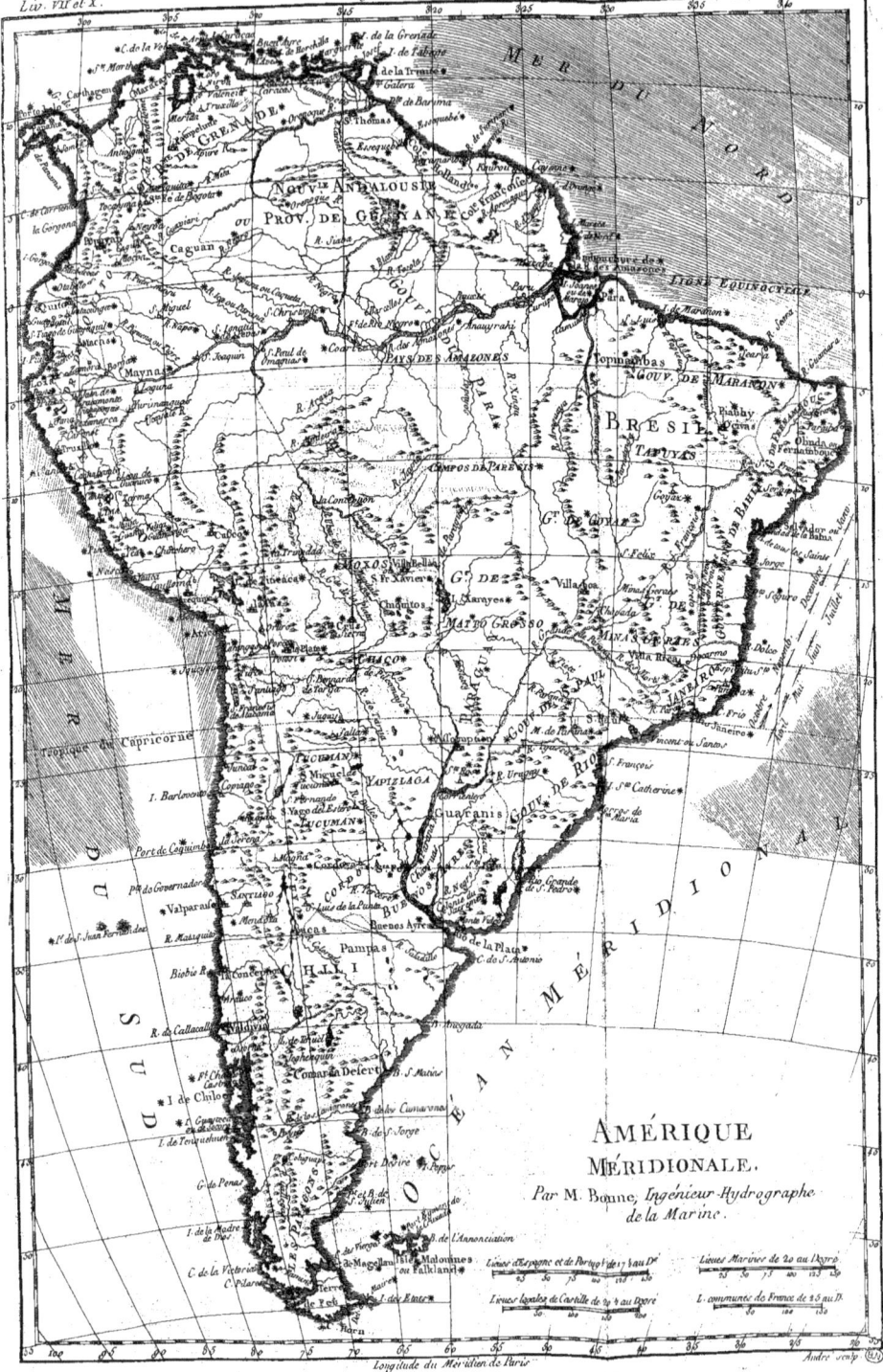

AMÉRIQUE MÉRIDIONALE.

Par M. Bonne, Ingénieur-Hydrographe
de la Marine.

Lieues d'Espagne et de Portug.l de 17½ au D.º

Lieues Marines de 20 au Degré

Lieues légales de Castille de 26 ½ au Degré

L. commune de France de 25 au D.

Isles Malouines ou Falkland

300   305   310

P.te de Manglares
Barbacoas
Mocoa
Lucambios
R. Valdavida
R. Caqueta
PAYS DE MOCOA
les Abanos
R. Ucberta
R. aue Emeraudes
C. de S.t
Francisco
GOLF. DE TACAMES
Jean de Paslo
S.t Miguel
R. Putumayo
R. Mira ou Yurubesks
les Oreludos
les Acanejos
Quito
GOU. DE QUIXOS
ET DE MACAS
Pays de los Canelos
Archidona
Ecabellados
R. Miguel
R. Napo
Payaguas
S.t Cristophe
R. Sapera ou Caqueta
Guayaquil
Macas
les Roamaynas
V. de la N. des Maynas
S.t Joaquin
S.t Ygnatio de Pevas
Amazones
Cuenca
Cannar
Borja
les Maynas
Anc.ne Omaguas
S. Paul de Omaguas
Curinas
Xibaros
Loxaa
Zamora
R. des Amazones
TERRITOIRE DES MISSIONS
les Paguanas
PAYS DES AMAZONES
Huahuatates
PROV. DE QUITO
R. Santiago
Laguna
Cocamas
les Capanavas
Avaneros
Ozoanas
Paÿta
Piura
PROV. DE PIURA
Chachapoyas
Yurimaguas
R. Ucayale
Conomamas
Curigueres ou Cacao
ou Mutuanis
PROV. DE TRUXILLO
Caxamarca
Moyobamba
Guatcuaris
Cuyacivanes
R. Beni
les Chunens
Corongo
Caramarquilla
Conivas
Curucuruz
R. de la Madera
MER DU SUD
PROV. DE LIMA
Huaraz
Santa
Cerro de Pasco
Lac Lauricocha
les Quatosis
les Ytenes
la Conception
P.te de Huarmei
Huarmei
Tarma
les Abiscas
Huaura
Lima
Jauja
Chuncos
Pampas
El Callao
Guamanga
PROV. DE HUANCABELICA
Huanca Velica
Cuzco
la Trinidad
Pisco
Ica
Chichero
PROV. DE LOS MOXOS
Nasca
Lucanas
Chalco
Aimaraes
P. DE CARABAYO
R. Grande de la Plata
Camana
AREQUIPA
P. DE AREQUIPA
Arequipa
Achacache
CHARCAS
Moquegua
la Paz
P. DE LA PAZ
R. Mamore
Arica
P. DE
CARANGAS
PROV. D'ARICA
OGRO
Oropesa
Oruro
P. DE
CARANGAS
Chuquisaca
ou la Plata
Porco
Potosi
TABACAP
PR. DE POTOSI
Pocpaya
Santiago de
PROV. DE CHICHAS
Tarija
PROV. DE TARIJA
Chichas
PROVINCE
DE
TUCUMAN
Juguy
Salte
Tropique du Capricorne

Cerro Aconquixa
Surali

CARTE DU PEROU,
AVEC UNE PARTIE DES PAYS
QUI EN SONT A L'EST;
Par M.r Vaugondy, Ingénieur Hydrographe
de la Marine.

Lieues d'Espagne et de Portugal de 17 au deg.

Lieues Marines de 20 au Degré

Lieues Legales de Castille de 26 ⅔ au Degré

Lieues Communes de France de 25 au Degré

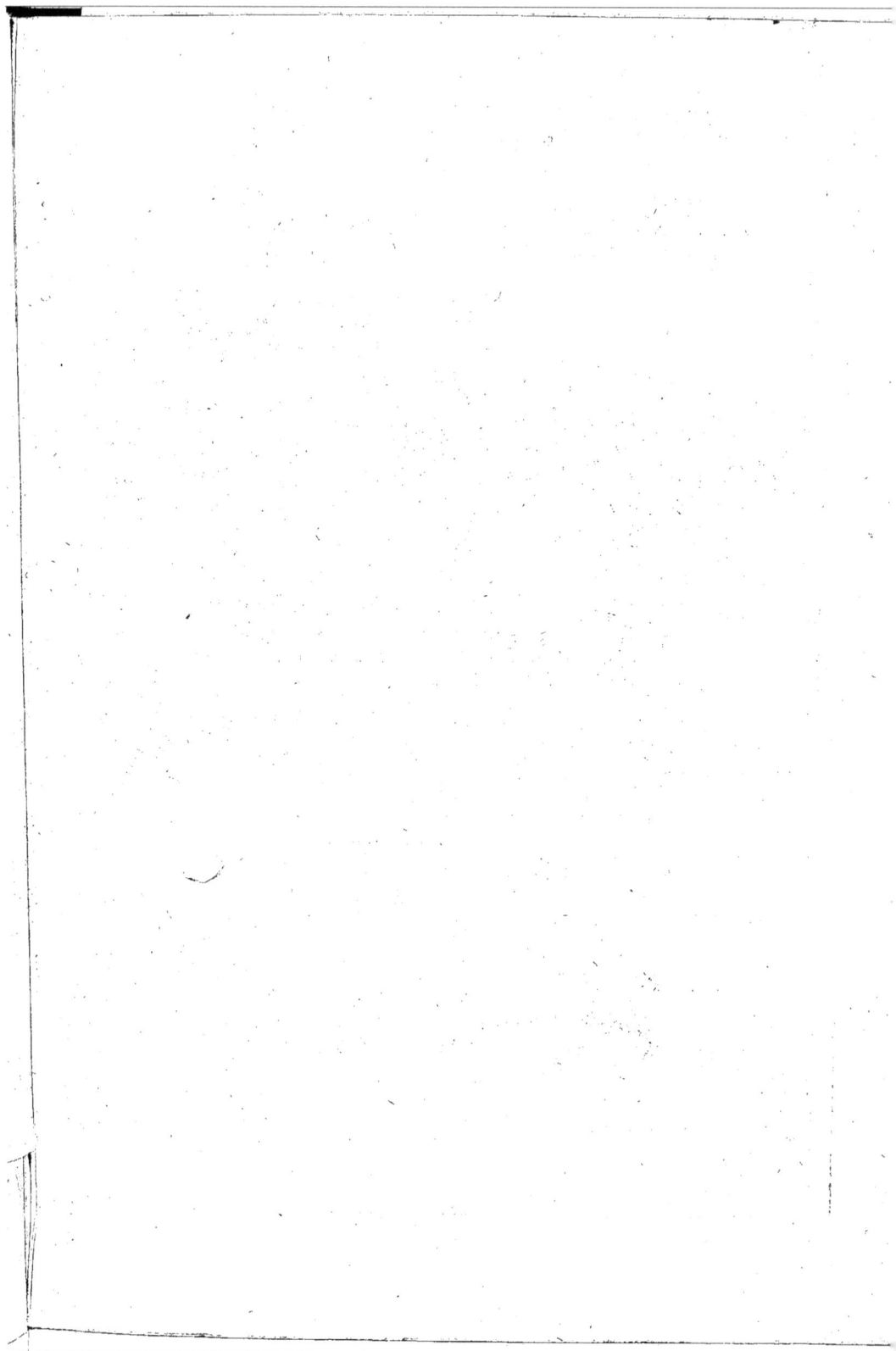

CARTE DU NOUV. Rᵐᵉ DE GRENADE, DE LA NOUᴸᴸᵉ ANDALOUSIE,
ET DE LA GUYANE,
AVEC LES PAYS LIMITROPHES QUI EN SONT AU SUD

Par M. Bonne, Ingénieur Hydrographe de la Marine.

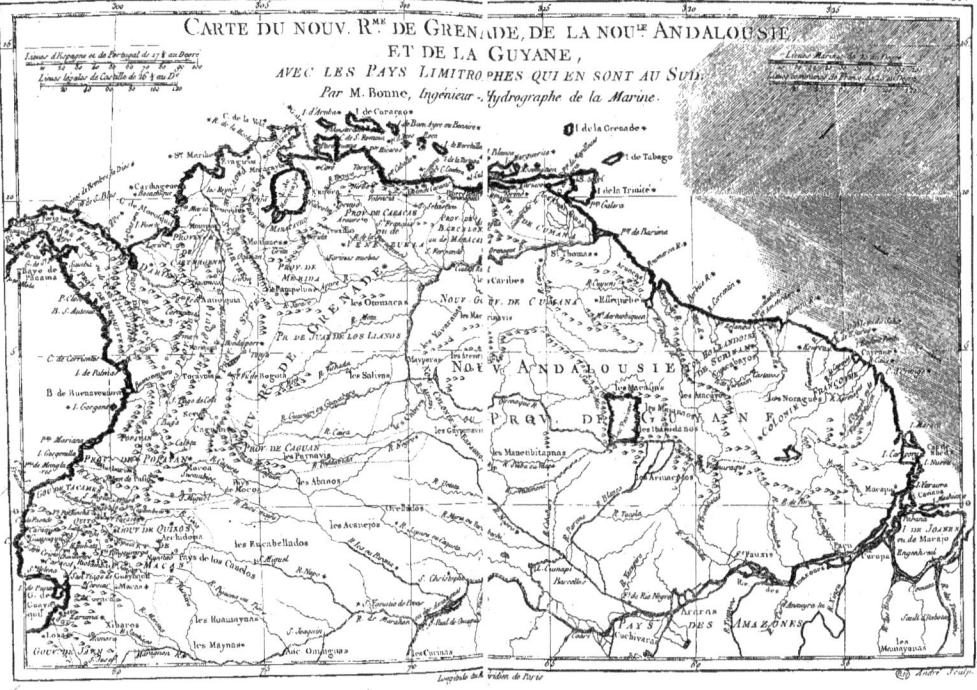

Lignes d'Espagne et de Portugal de 17½ au Degré

Lignes legales de Castille de 16⅔ au Dᵉ

NOUᵛ GOLF. DE CUMANA

NOUᵛ. GRENADE

NOUᵛ. ANDALOUSIE

PROᵛ. DE GUYANE

PAYS DES AMAZONES

Longitude du Méridien de Paris

Grá André Sculp.

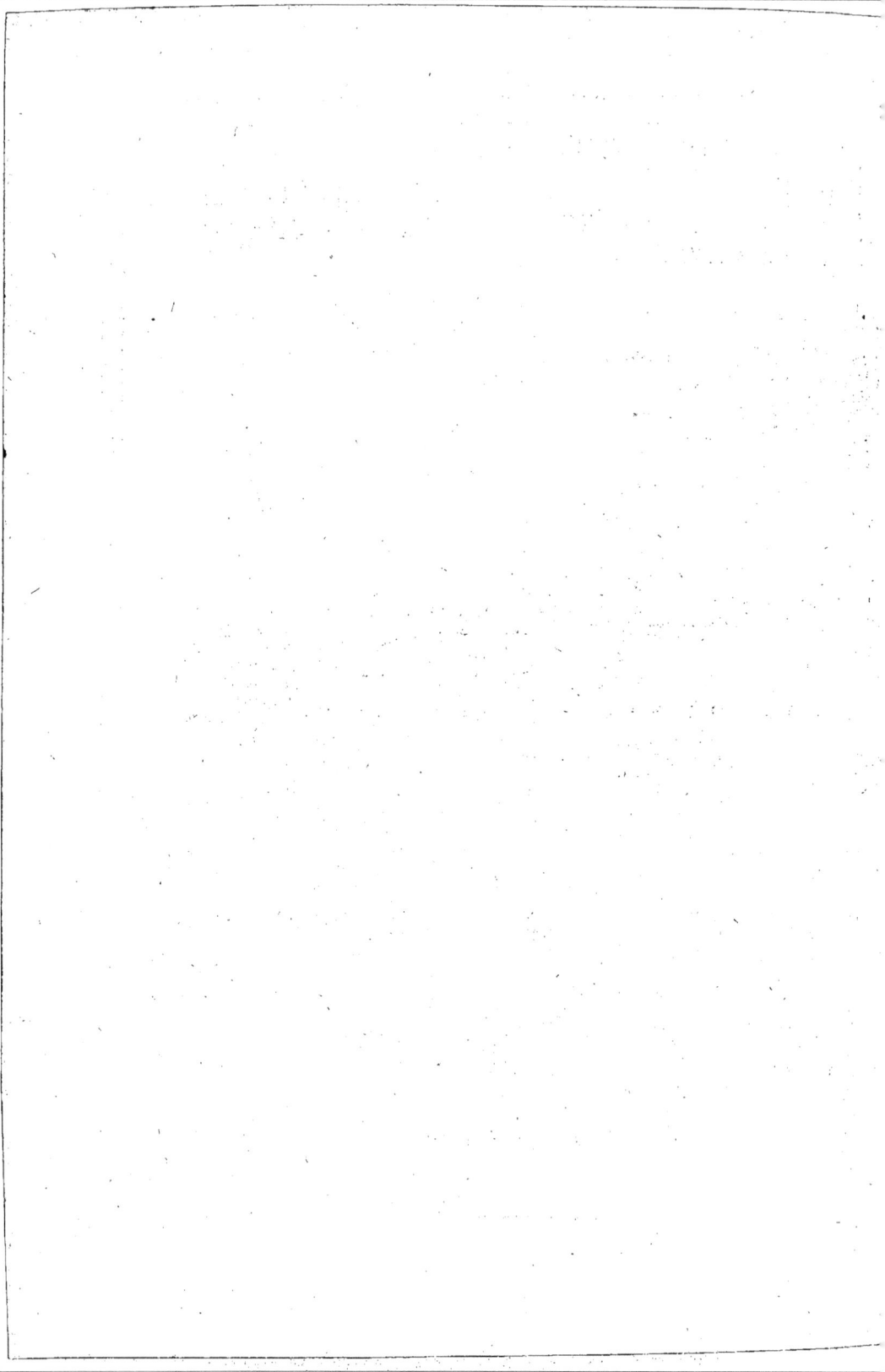

323   324   325   326

MER DU NORD ou OCÉAN OCCIDENTAL

PARTIE DE LA GUYANE HOLLANDOISE

Terrein Montueux

GUYANE FRANÇOISE Peu connu

Terrein très Montagneux peu connu

GUYANE PORTUGAISE

Maraca ou Isle du Cap Nord

C. de Nord

C. d'Orange

C. des Mayés

Indiens Emerillons

Indiens Aramichaux

Indiens Boucoujene

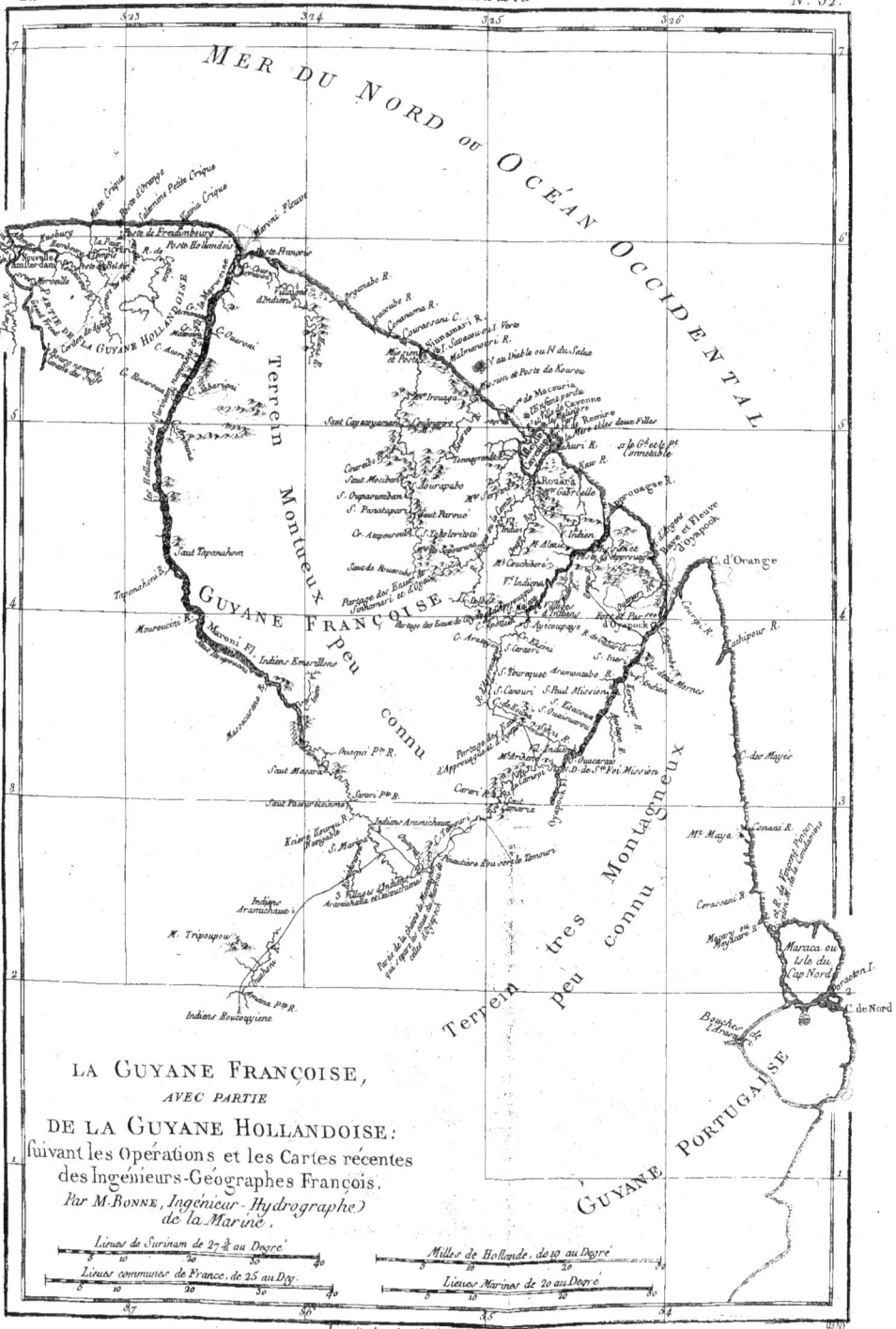

LA GUYANE FRANÇOISE,
AVEC PARTIE
DE LA GUYANE HOLLANDOISE :
suivant les Opérations et les Cartes récentes
des Ingénieurs-Géographes François.
Par M. Bonne, Ingénieur-Hydrographe
de la Marine.

Lieues de Surinam de 27½ au Degré.
0   10   20   30

Lieues communes de France, de 25 au Deg.
0   10   20   30   40

Milles de Hollande, de 10 au Degré.
0   10   20

Lieues Marines de 20 au Degré.
0   10   20   30

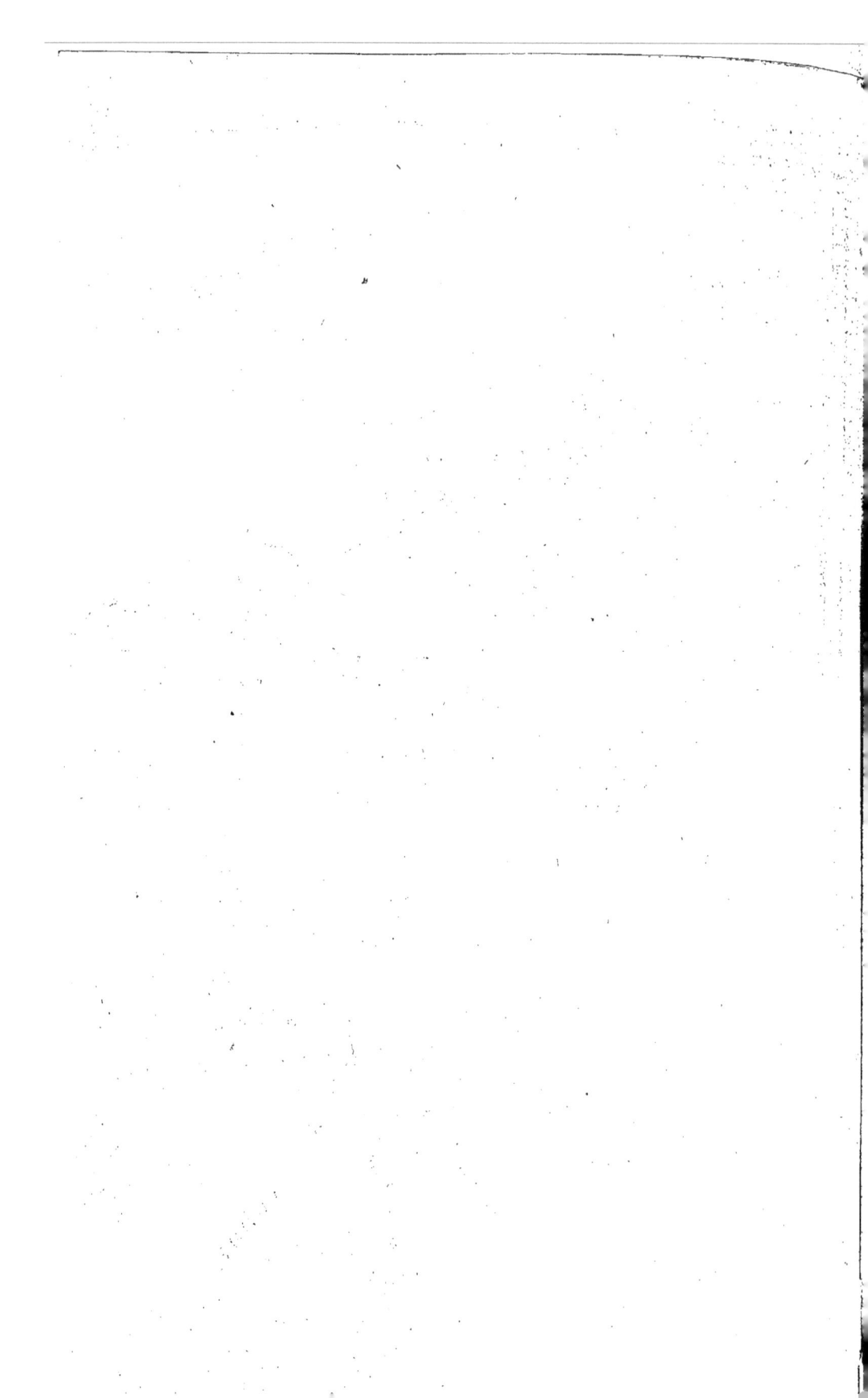

CARTE DU CHILI
DEPUIS LE SUD DU PEROU
JUSQU'AU CAP HORN
AVEC PARTIE DES REGIONS
QUI EN SONT A L'EST
Par M.ʳ Bonne, Ing.ʳ Hydrographe
de la Marine

PROVINCE DE YAPIZLAGA

PROVINCE DE TUCUMAN

PROV. DE BUENOS-AYRES

PROVINCE DE CUYO

PAYS DE LOS PAMPAS

Pays del Tuyu

C H I L I

PRO. DE CORDOVA

Charruas

Chechehets

BUENOS-AYRES

RIO DE LA PLATA

COMARCA DESERT

PAYS PATAGONS

MER DU SUD

OCEAN MERIDIONAL

I. DE CHILOE

G. de Penas

I. Madre de Dios

TERRE DE FEU

Détroit de Magellan

Détroit de le Maire

Isles Maloüines ou Falkland

SANTIAGO

Valparaiso

La Conception

Araudo

Valdivia

Chonos ou Archipel de Guayteca

Cap Horn

Lieues Marines de 20. au Degré

Lieue commune de France de 25. au Degré

Lieues d'Espagne et de Portugal de 17 ½ au Degré

Lieues Legales de Castille de 26 ⅔ au Degré

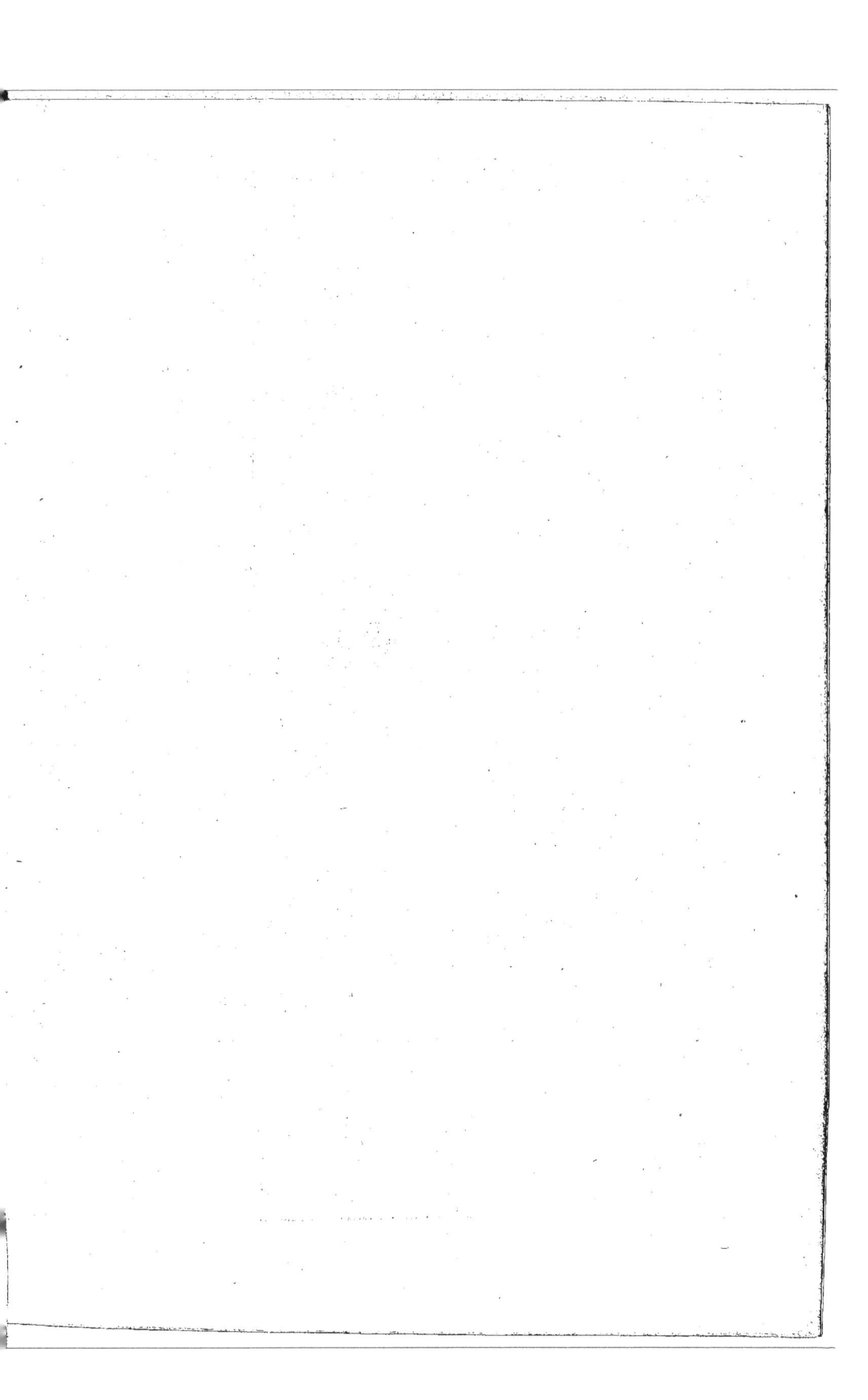

PROV. DES MOXOS

St Xavier

Mac Xajayes

GOUVERNEMENT DE GOYAZ

GOU. DE BAHIA

Porto Seguro

GOU. DE S.ͭᵉ

PR. DES CHIQUITOS

CRUZ DE LA SIERRA

les Morotocés

GOUVERNEMENT DE MATTO GROSSO

Minas Geraes

GOU. DE MINAS

CHACO

RIO JANEIRO

S.ᵗ PAUL

S.ᵗ Paul

Tropique du Capricorne

PROVINCE

DE TUCUMAN

S. Miguel de Tucuman

S.ᵗ Yago del Esco

GOUVERN.

DE

BUENOS AYRE

GOUVERNEMENT

S.ᵗ Catherino

Villa de Laguna

CORDOVA

de CORDOVA

Melinque

les Chochebets

RIO DE LA PLATA

CHILI

OCÉAN MÉRIDIONAL

OCEAN

CARTE DE LA PARTIE MÉRIDIONALE DU BRESIL,

AVEC LES POSSESSIONS ESPAGNOLES VOISINES QUI EN SONT A L'OUEST.

Par M. Bonne, Ingénieur-Hydrographe de la Marine.

Lieues d'Espagne et de Portugal de 17 ½ au Degré.

Lieues Marines. de 20 au Degré.

Lieues legales de Castille de 26 ½ au Degré.

Lieues communes de France, de 25 au Deg.ᵗ

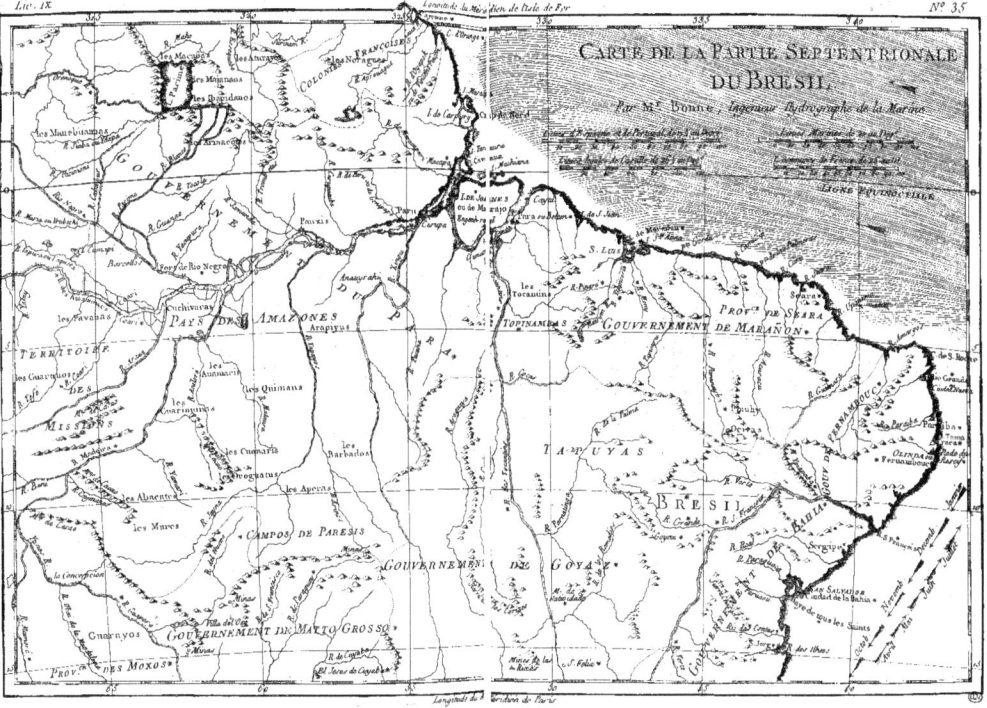

CARTE DE LA PARTIE SEPTENTRIONALE
DU BRESIL,

Par M.r Bonne Ingénieur Hydrographe de la Marine

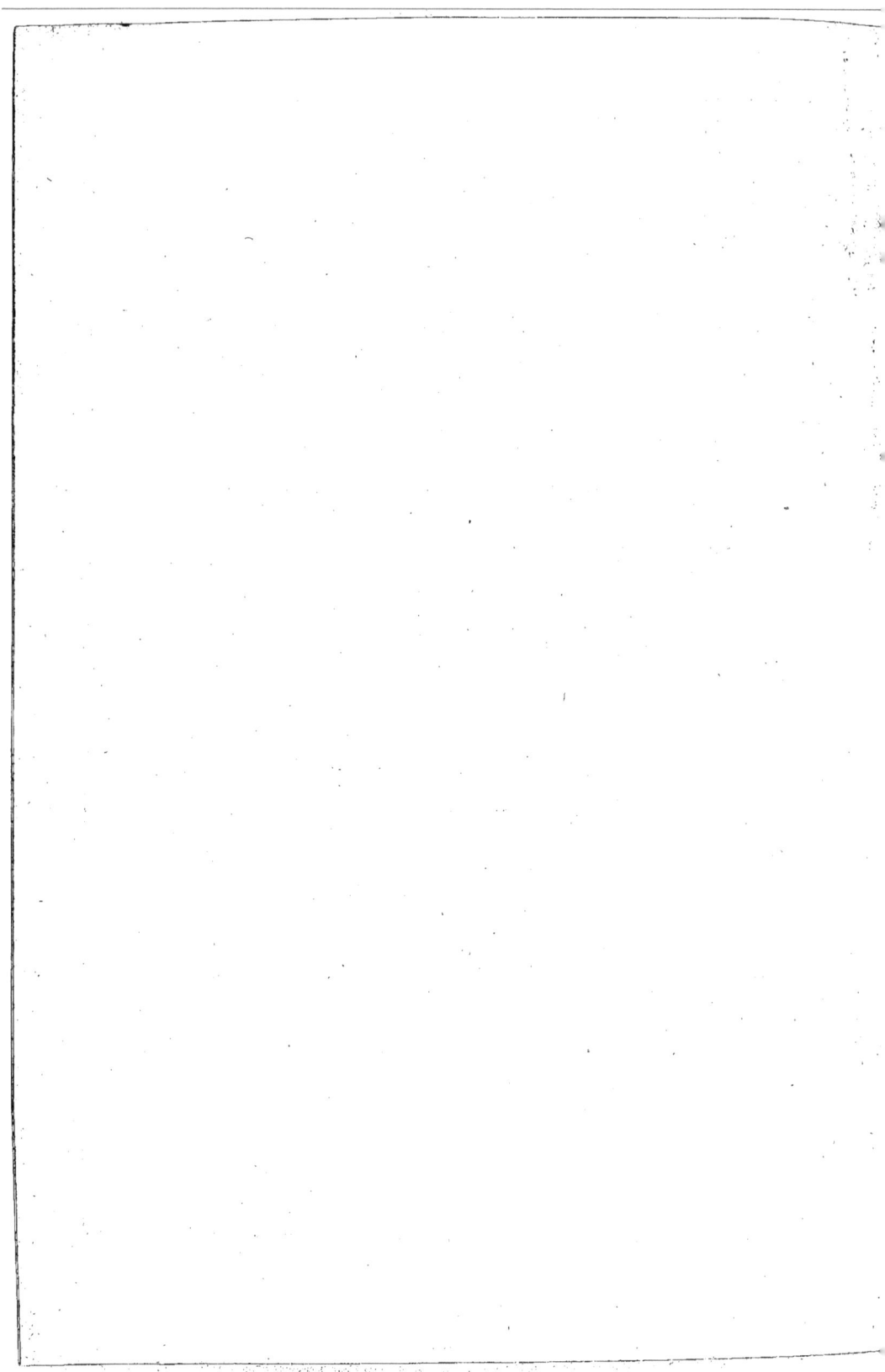

342 343 344 345 346 347

Jean de Portorico
I. de l'Est
I. Cagade
I. Feix
LES ISLES VIERGES
Angada ou I. Noyée
I. de Sombrero
I. de l'Anguille
las Chicas
P.te de Sable
I.º S. Martin
ISLE DE PORTORICO
I. du Pasage
la Caravelle
I. du Norman
I. Jean
Franch Tortor.
Virgin Gorda
Gingre
I. del Trancilier
I. de Saba
I.S
I.es
C. Rouge
I. Vert
P.te du N. Est
S.t Barthelemi
le Recif
S.t Croix
des Pêcheurs
I. de la Barboude
P.te de Sable
Espagnole
I. de S.t Eustache
P.te Rigged
S. Christophe
V. et F. Charles Town
I. Vert
la Basse Terre
de Nieves
P.te S.t Croix
Charles Town
S.t Jean
Revieux
P.te de Parham
I. Indienne
P.te d'Antigue
I. d'Antigue
la R.e donde
P.te de Carlisle
I. du Nord
Basse Terre
I. Montferrat
Port Louis
P.te du Sud Est
I. de la Desirade
le gros Morne
des Chateaux
I. DE LA GUADELOUPE
P.te Petite Terre
Bourg du Bailli
la Basse Terre
I. de Marie Anne
le Vieux Fort
Isle des Saintes
Bourg de la Basse Terre
le Marie Galante
Bourg de la Cabesterre
S.
P.te du Capucin
Rade du Prince Rupert
Ance du May
I. DE LA DOMINIQUE
C. François Monteur
Bourg des Roreaux
Charleville
P.te a Crabes
P.te l'Cachacrou
I. DE LA MARTINIQUE
Macouba
la Perle
Cul de Sac de la Trinité
la Trinité
F. S.t Pierre
Cul de Sac Robert
Cul de Sac S.t François
Fort Royal
Cul de Sac de Vauclain
Ferré
Cul de Sac S.t Marie
P.te Salines
le gros Islet
Cul de Sac de l'Esperance
Ance du Choc
le Carenage
I.º S.te LUCIE
Cul de Sac des Roceaux
Ance Mabouya
le Chimachin
Cul de Sac des Savanes
le Gros Piton
Vieux Fort
P.te Moulachique
P.te Tonne
P.te Taradou
P.te Espagnole
Petit Bristol
Holetown
Chateau Belair
Kingstown
Bridgetown
I.º S.t Vincent
I. de la Barbade
Becouya
Baliceo
I.es des Cariacou
les Moustiques
Canaman
l'Union
S.te Martinique
Cariacou
I.es Bone
C. Davide
I.es de Levera
Ance Goyave
Fort Royal
P.te des Sauteurs
I. de la Grenade
P.te du Requin
Banc de la Grenade
P.te des Salines

ISLES
SOUS
LE
VENT
I. de Horchilla
I. Blanca
I. de la Tortuga
Isle Marguerite
P.te los Frere
P.t Tobago
las Sisters
I. de Tabago
P.te de Sable
Man of War Bay
I. de Borracha
I. de Piritu
Macana
Assomption
I. Cubagua
I. de Coche
P.te de Sable
P.te de Arrecifes
C. Codera
Araya
la Vola
I.os Tabagos
P.te de Mourillous
Caurantu
S.t Josef
P.te Guacina
Mamporal
Barcelona ou Cumanagotto
Cumana
Santo
Chore
Suco
Guayria
I. DE LA TRINITE
P.te de Cocos
Cariaco
Tipirin
G. de Paria
P.te Guacena
PROV. DE BARCELONA
P.te Cumtudro
OU DE MARACAPANA
PROV. DE CUMANA
los Guarauno
P.te de la Galera
I. Nava
R.   DE   GRENADE

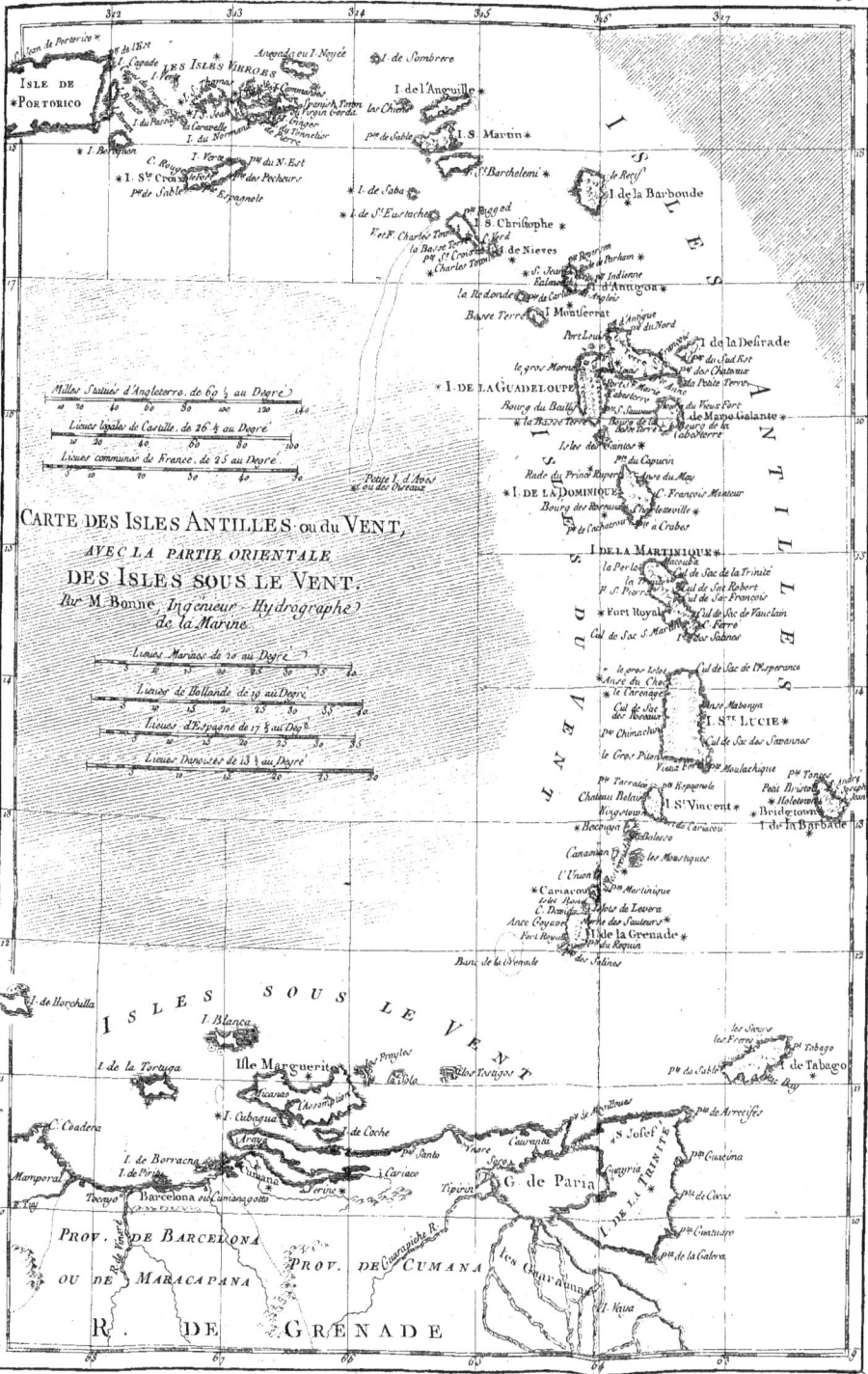

CARTE DES ISLES ANTILLES ou du VENT,
AVEC LA PARTIE ORIENTALE
DES ISLES SOUS LE VENT.
Par M. Bonne, Ingénieur-Hydrographe de la Marine.

Milles Statués d'Angleterre, de 69 ½ au Degré.
Lieues légales de Castille, de 26 ¼ au Degré.
Lieues communes de France, de 25 au Degré.
Lieues Marines de 20 au Degré.
Lieues de Hollande de 19 au Degré.
Lieues d'Espagne de 17 ½ au Degré.
Lieues Danoises de 13 ¼ au Degré.

Longitude du Méridien de l'Isle de Fer

Lieues légales de Castille de 26 ½ au Degré

Lieues communes de France de 25 au Deg.

Lieues Marines de 20 au Degré

Lieues d'Espagne de 17 ½ au Degré

GRANDE CAŸCA

Petite Inague

Port-Negrées ou les Banks

P.te du Nord Ouest

P.te du Sud Est

GRANDE INAGUE

P.te du Sud Est

Isle de Turque

Mouchoir Carré

CARTE DE
L'ISLE DE St. DOMINGUE,
une des Grandes Antilles,
Colonie Françoise et Espagnole
Par M. Bonne, Ingénieur-Hydrographe
de la Marine.

Caïque d'Argent

I. DE CUBA

Cap Maysy

Isle de la Torue

Isle de Chien

Mòle St Nicolas

PARTIE

PARTIE ESPAGNOLE

I. de Samana

SAMANA

la Vega

FRANÇOISE

Cap Tiburon

à Vache

I. de la Sanne

Cap des

I. de la Pointe

Engravée du Mér. Ven de Paris

André sculp.

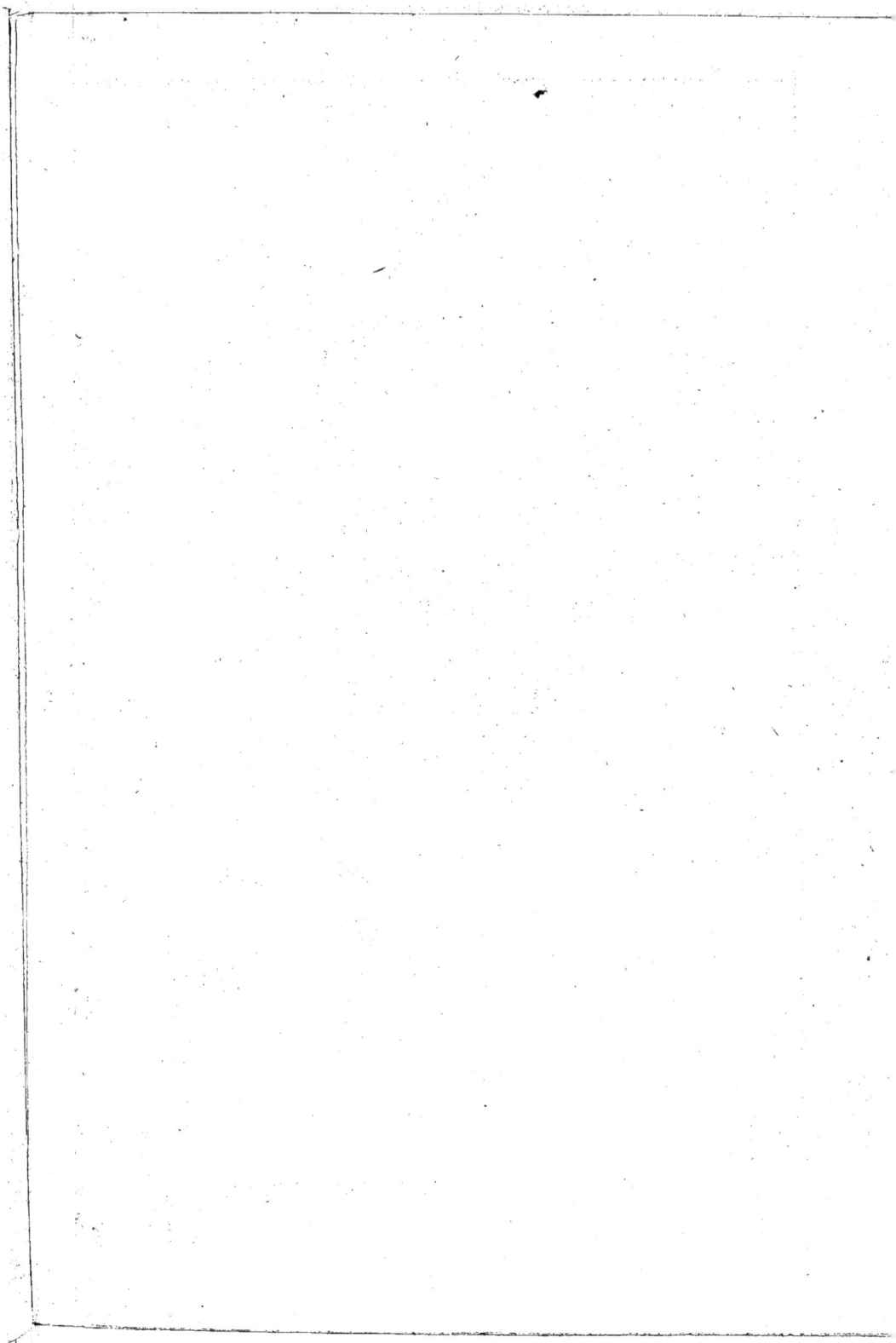

Longitude du Mérid. en de l'Isle de Fer.

Milles Statuts Anglois de 69 ½ au Degré.

Milles d'usage dans les Isles Britanniques de 50 au D.t

Lieues communes de France, de 25 au Degré.

Lieues Marines, de 20 au Degré.

CARTE DE L'ISLE
DE LA
JAMAIQUE.

Par M. Bonne, Ingénieur-Hydrographe
de la Marine.

Longitude du à l'odien de Paris.

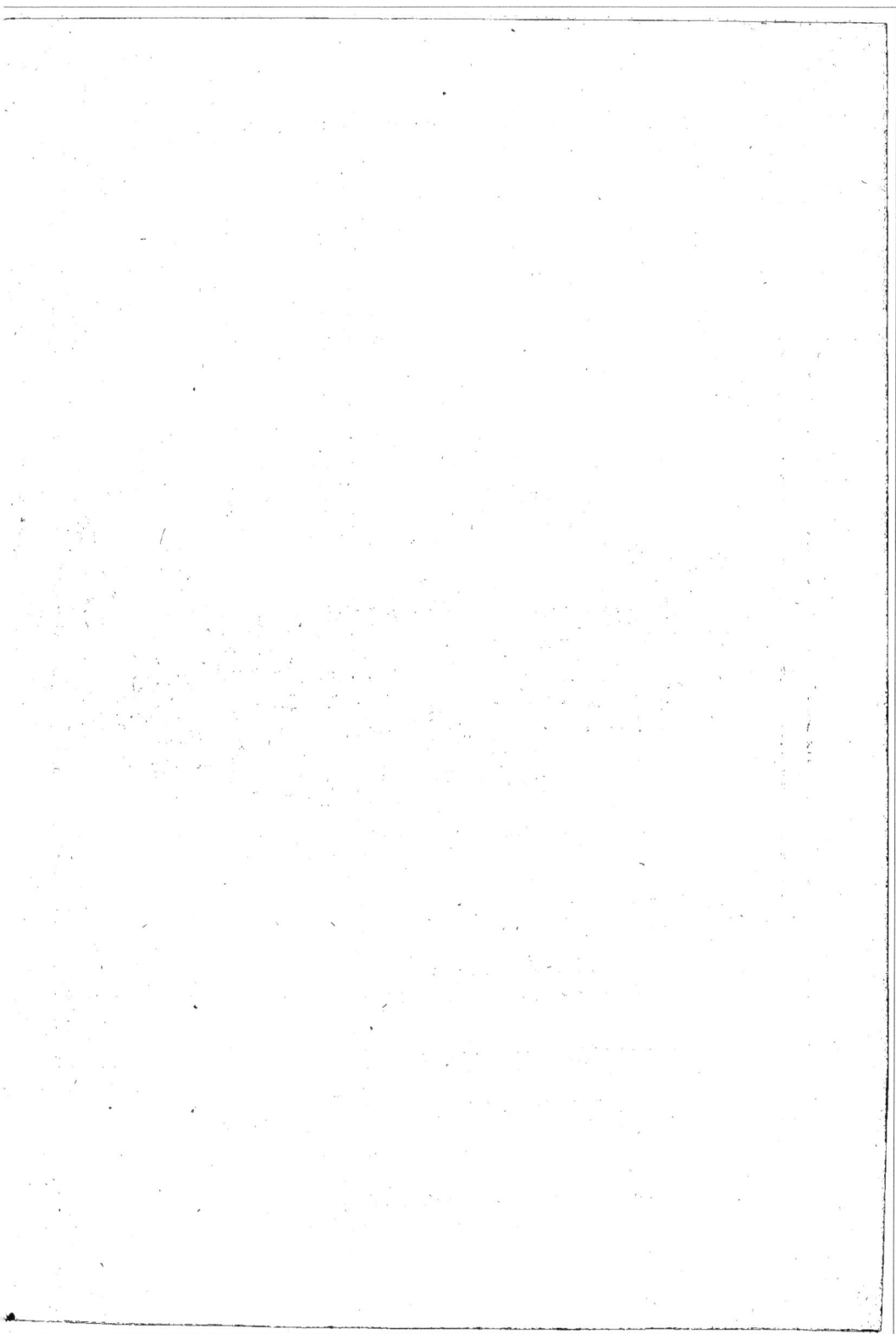

DÉTROIT DE FLORIDE

les Tortues Seches

les Martirs

Guanhani ou S.Salvador

Exuma

la Longue Isle

VIEUX CANAL DE BAHAMA

Jardins del Roy

Aklin

LA HAVANNE

LOS LLANOS

la Trinidad

Golfe de Xagua

ISLE DE PINOS

les Jardins

Cap S.t Antoine

C. Corrientes

Cap Cruz

L'ISLE DE CUBA.
Par
M. Bonne Ingénieur-Hydrographe
de la Marine.

Lieues d'Espagne de 17 ½ au Degré.

Lieues légales de Castille de 26 ⅔ au Degré.

Lieues communes de France, de 25 au Degré.

Lieues Marines de 20 au Degré.

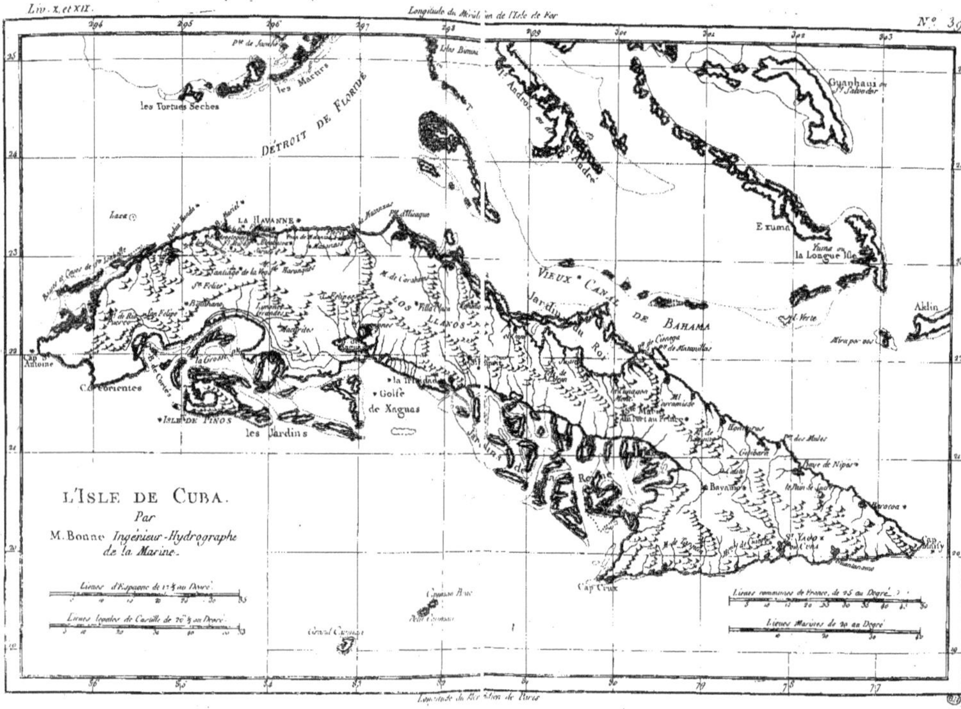

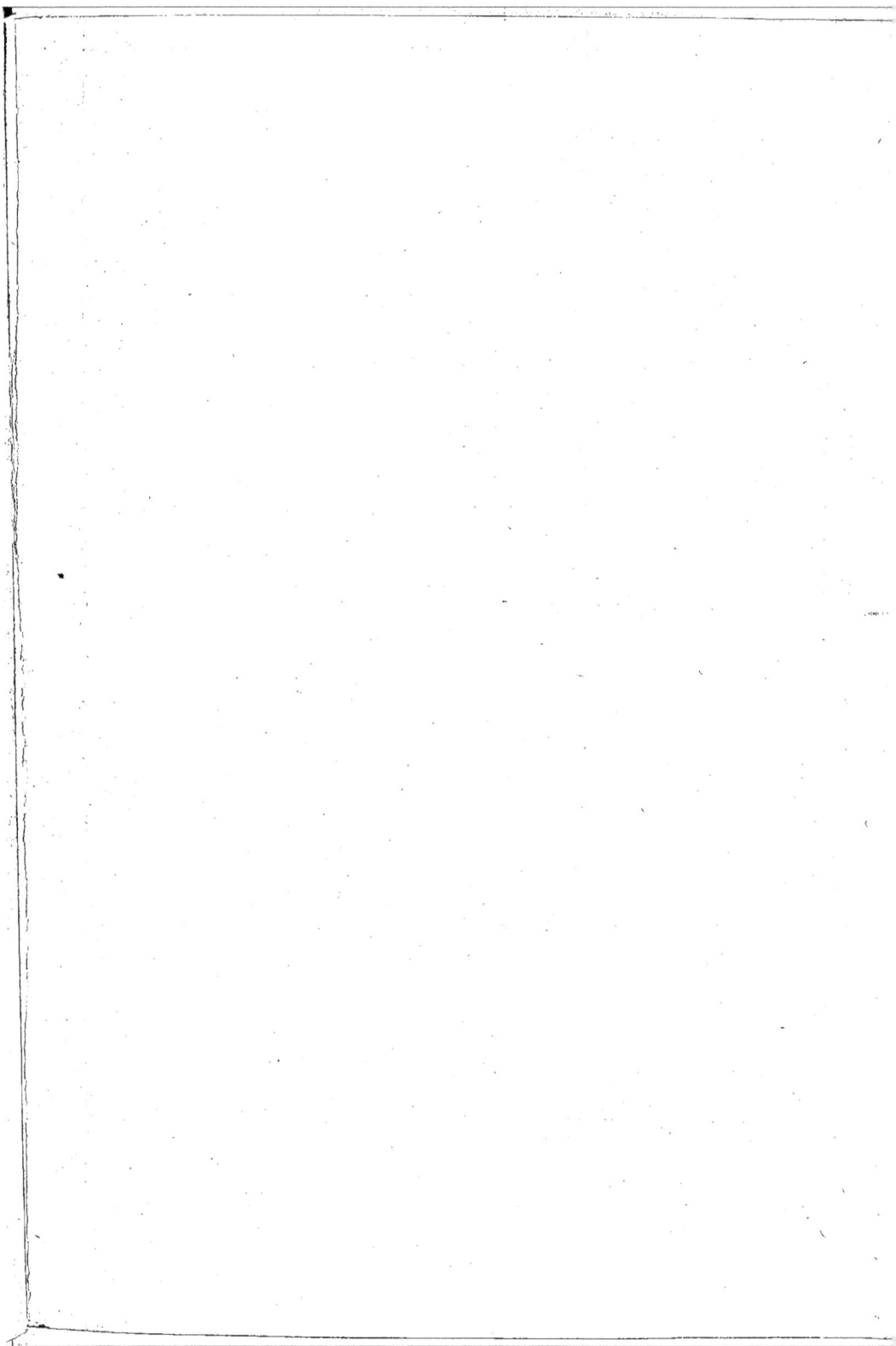

LES ISLES DE LA GUADELOUPE,

DE MARIE GALANTE, DE LA DESIRADE,
ET CELLES DES SAINTES;

Colonie Françoise dans les Antilles.

Par M. Bonne, Ingén.ʳ Hydrographe de la Marine.

LA DESIRADE

C U L

T E R R E

B A S S E

ISLE DE MARIE GALANTE

ISLES DES SAINTES

Lieues communes de France de 25 au D.ʳ

Lieues Marines de 20 au Degré

CARTE
DE L'ISLE DE LA MARTINIQUE,
Colonie Françoise dans les Isles Antilles.

Par M. Bonne, Ingénieur-Hydrographe
de la Marine).

du Pêche
St. Macouba
Bourg et Paroisse de Macouba
Batterie de la Basse Pte
Bourg et Paroisse de la Basse Pte
Batterie
St. Jean P.
R. Capot
Batterie
Bourg et Par.se de la G.de Ance
Batterie
Pte Rivière
Bourg et P.sse du Marigot
Prêcheur
Ance du Péron
Bourg et P.sse de S.te Marie
St. Aubin
St. Joseph
SUITE du SAC de la TRINITÉ
I. de Caravelle
Bourg et Paroisse la Mont.e
du Prêcheur
Beau Séjour
Bat.e
Bat.e
Pte de la Tartane
R. Blanche
Bourg et Paroisse
de la Trinité
Fond de Cannanville
Batterie
Pte de la Chaux
R. des Pères
Cul de Sac
du Galion
Passe pour de gros Bâtimens
Rade du
Fort
Bourg
Fort S.t
Pierre
Batteries
St. Pierre
Bourg du Cul de Sac
Robert
le Loup Garou
Islet de Monsieur
Paroisse du Mouillage
Gros Morne
Rose 14
Cul de Sac
Robert
où les plus gros Vaiss.x peuv.t mouiller
Bourg et Paroisse du Carbet
Pointe du Carbet
P.te à la Rose
S.t Jacques
Cul de Sac des Roseaux
Bat.e
du Carbet
Morne aux Bœufs
Cul de Sac
François
Bourg de la Case Pilote
Cap Enragé
L'Assomption
Chup
Cul de Sac
Batterie
Cascades Navires
M.te Tartenson
Cul de Sac Fregate
Ance à la Case
ou Fond Gueltier
M.t Paon
C.te d'ruche
Bourg du Cul de
Sac François
les Islets
P.te des Negres
VILLE du F.t ROYAL
Fort
Royal
Bourg du
Lamentin
Cul de Sac Lemon
Passe des Barques
Cul de Sac Sans Souci
du Vauclain
Ance Noire
Bourg du Trou du Chat
Batterie
Bat.e
CUL DE SAC
ROYAL.
Bourg du Cul
de Sache
R. Salée
Rivière du Vauclain
Bat.e
Petite Ance
d'Arlet
Bourg de la
Rivière Salée
Cul du
Vauclain
G.de Ance
d'Arlet
Bourg des
Ances
Bourg du
Vauclain
Bourg des Bars
P.te Macouba
Petite Ance
du Diamant
Bourg de
Luce
Bourg de la
Rivière Pilote
Bat.e
Luce
S.t
Rosiers
Bourg du
Diamant
P.te de la
Borgnesse
le Poquinier
P.te du Diamant
I. du Diamant
A.d de S.te
Marin
P.te Marin
Bourg du Cul de
Sac Marin
Ance
Perse
Chap. S.te Anne
Ance aux
Anglais

ECHELLE

Petites Lieues de France de 28½ au Degré
1 · 2 · 3

Lieues communes de France, de 25 au Degré
1 · 2 · 3 · 4

Lieues Marines, de 20. au Degré)
1 · 2 · 3

Batterie
Salines
Islet à Rabou
Ilet à Cabrit
P.te au Diable
P.t des Salines

CARTE DE LA PARTIE SEPTENTRIONALE D'AFRIQUE,

OU DE LA BARBARIE;

CONTENANT LES ROYAUMES DE TRIPOLI, DE TUNIS, D'ALGER,

DE FEZ ET DE MAROC.

Par M. Bonne, Ingénieur-Hydrographe de la Marine.

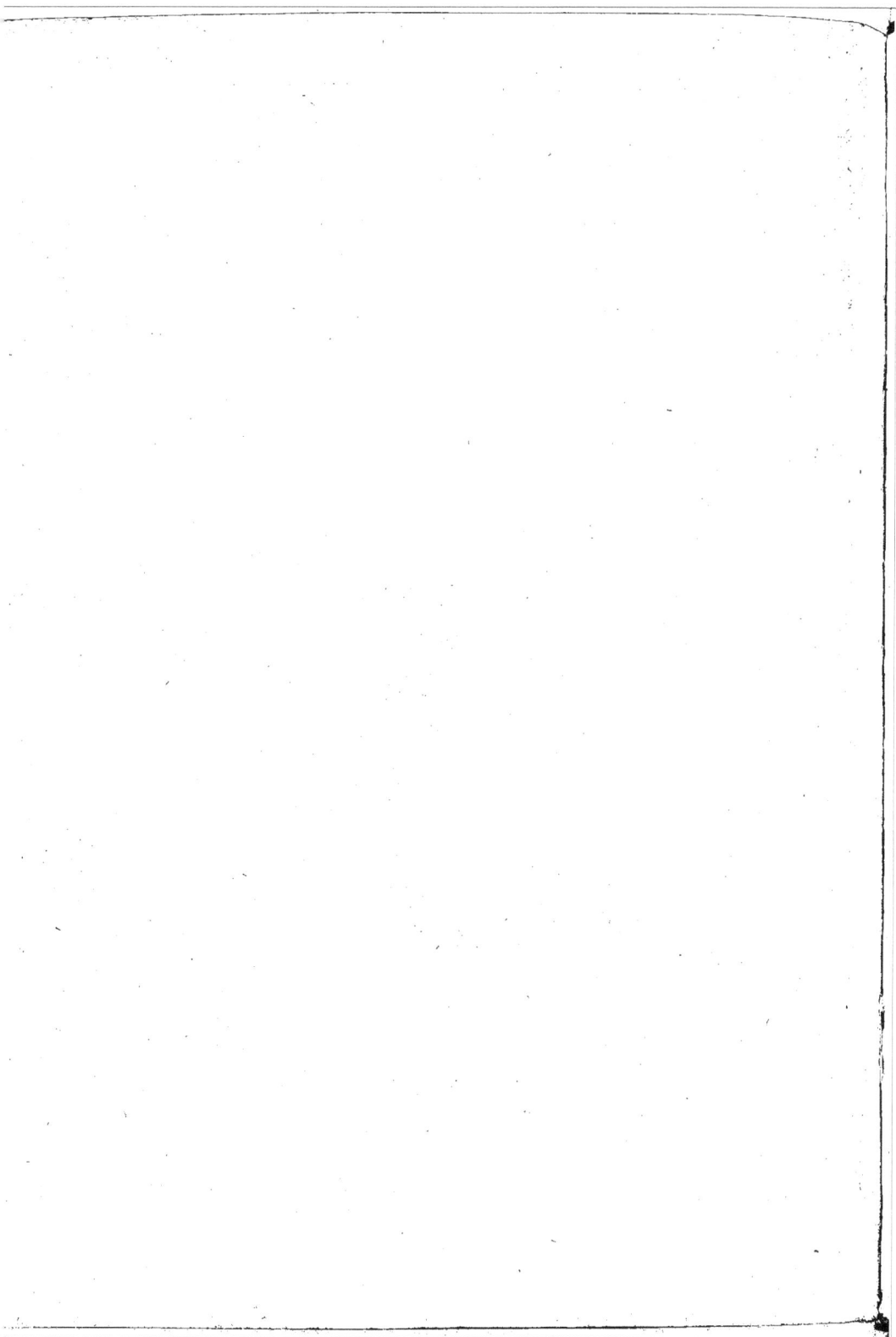

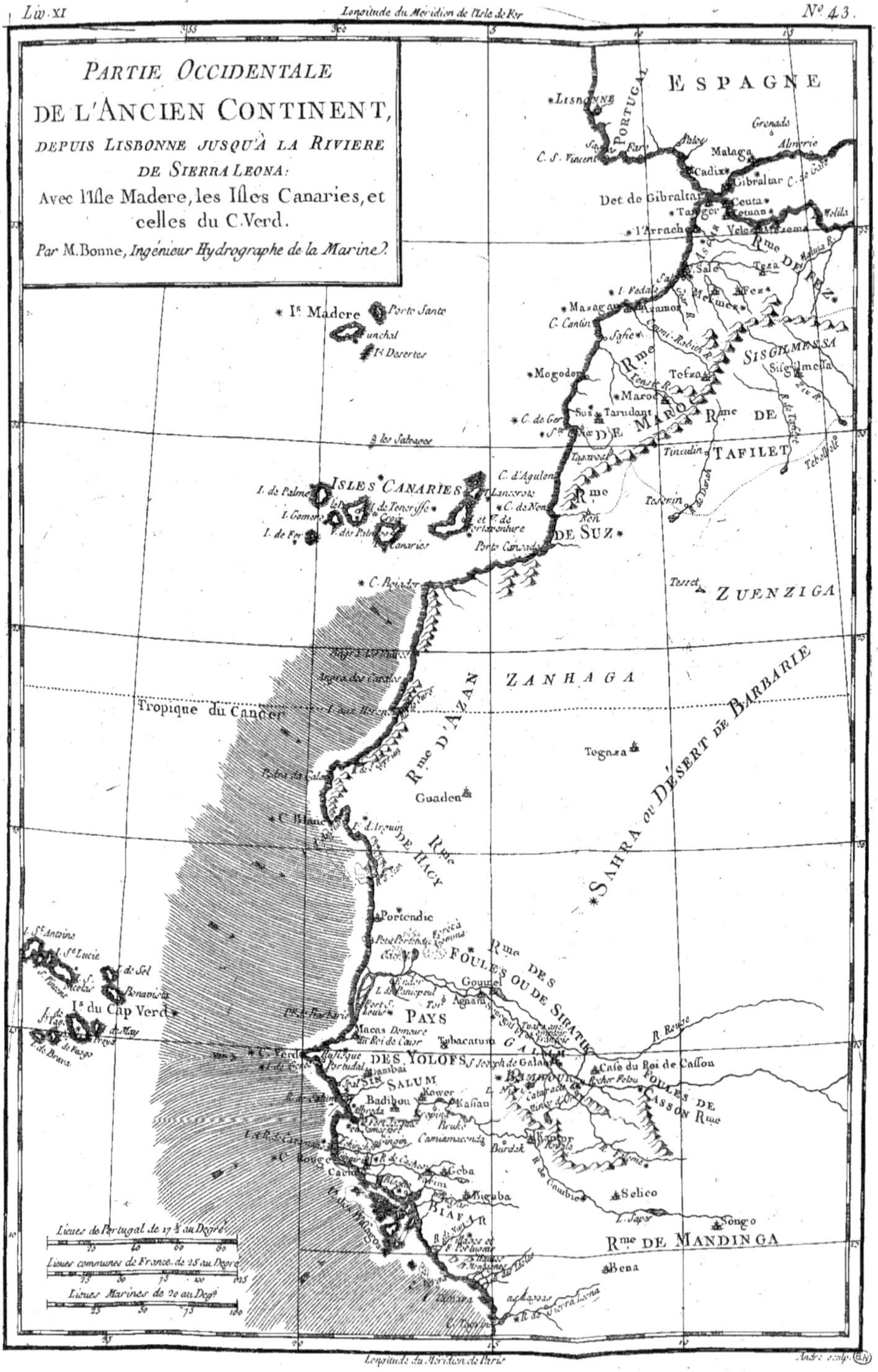
Longitude du Méridien de l'Isle de Fer
PARTIE OCCIDENTALE
DE L'ANCIEN CONTINENT,
DEPUIS LISBONNE JUSQU'À LA RIVIERE
DE SIERRA LEONA:
Avec l'Isle Madere, les Isles Canaries, et
celles du C. Verd.
Par M. Bonne, Ingénieur Hydrographe de la Marine.
ESPAGNE
PORTUGAL
Lisbonne
C. S. Vincent
Grenade
Almerie
Malaga
Cadix
Gibraltar
Det. de Gibraltar
Ceuta
Tanger
Tetuan
Melila
l'Arrache
R.me DE FEZ
Fez
Teza
Salé
Mequinez
Azamor
Mazagan
C. Cantin
Safie
Mogodor
SISGILMENSA
Sisgilmessa
R.me DE MAROC
Maroc
Tefza
Tarudant
C. de Ger
R.me DE TAFILET
Tinzulin
Tebelbelt
l. Madere
Porto Santo
Funchal
I.s Desertes
I. les Salvages
ISLES CANARIES
I. de Palme
I. Gomere
I. de Fer
I. de Tenerifée
Canaries
Lancerote
Fortaventure
C. de Non
C. d'Agulon
R.me Non DE SUZ
Porto Cavallo
C. Bojador
Tesset
ZUENZIGA
ZANHAGA
Tropique du Cancer
R.me D'AZAN
Tegaza
Guaden
SAHRA ou DÉSERT DE BARBARIE
C. Blanc
I. d'Arguin
R.me DE HACY
Portendic
R.me DES FOULES OU DE SIRATIK
I.s du Cap Verd
I. S.t Antoine
I. S.te Lucie
I. de Sel
Bonavista
I. de May
I. de Fuego
I. de Brava
Goumel
PAYS DES YOLOFS
GALAM
C. Verd
SALUM
Badibou
Kasson
Case du Roi de Casson
FOULES DE CASSON R.me
C. Rouge
Cacheo
Geba
Biguba
BIAFAR
I. Bissagos
Selico
Songo
R.me DE MANDINGA
Bena
R. de Sierra Leona
Lieues de Portugal de 17 ½ au Degré
Lieues communes de France de 25 au Degré
Lieues Marines de 20 au Degré
Longitude du Méridien de Paris
André sculp.

L'ISLE DE TERRE-NEUVE,
L'ACADIE, ou LA NOUVELLE ECOSSE,
l'Isle St Jean et la Partie Orientale
DU CANADA.
Par M. Bonne, Ingénieur-Hydrographe
de la Marine.

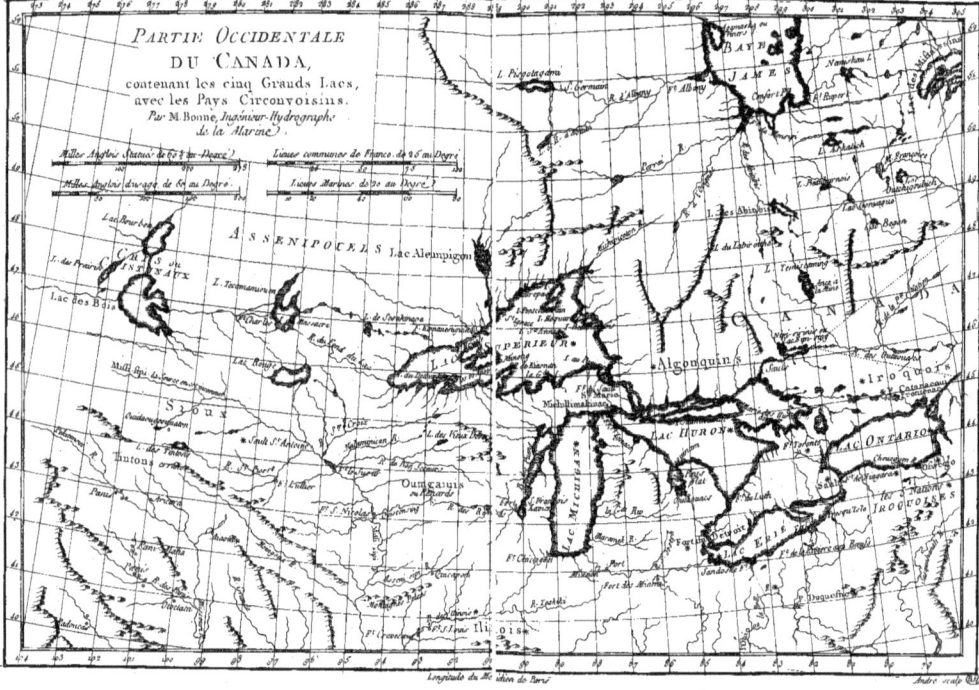

PARTIE OCCIDENTALE
DU CANADA,
contenant les cinq Grands Lacs,
avec les Pays Circonvoisins.
Par M. Bonne, Ingénieur-Hydrographe
de la Marine.

I L I N O I S

V I R G I N E

L O U I S I A N E

SEPTENTRIONALE

MERIDIONALE

CHICACHAS

ACANSAS

CHOCTAS

GEORGIE

CHARLES TOWN

Savanah

F L O R I D E

Nouvelle Orleans

Biloxi

Natchez

Apalachicola

S. Marc d'Apalache

S. Augustin

BAYE D'APALACHE

PRESQU'ISLE DE LA FLORIDE

Detroit de la Floride

Tropique du Cancer

CARTE
DE LA LOUISIANE
ET DE LA FLORIDE.
Par M. Bonne, Ingénieur Hydrographe
de la Marine.

SUPPLÉMENT

Milles Statués Anglois de 69 ½ au Degré

Milles Anglois d'usage, de 60 au Degré

Lieues légales de Castille de 26 ½ au Degré

Lieues communes de France de 25 au Degré

Lieues Marines de 20 au Degré

Lieues d'Espagne de 17 ½ au Degré

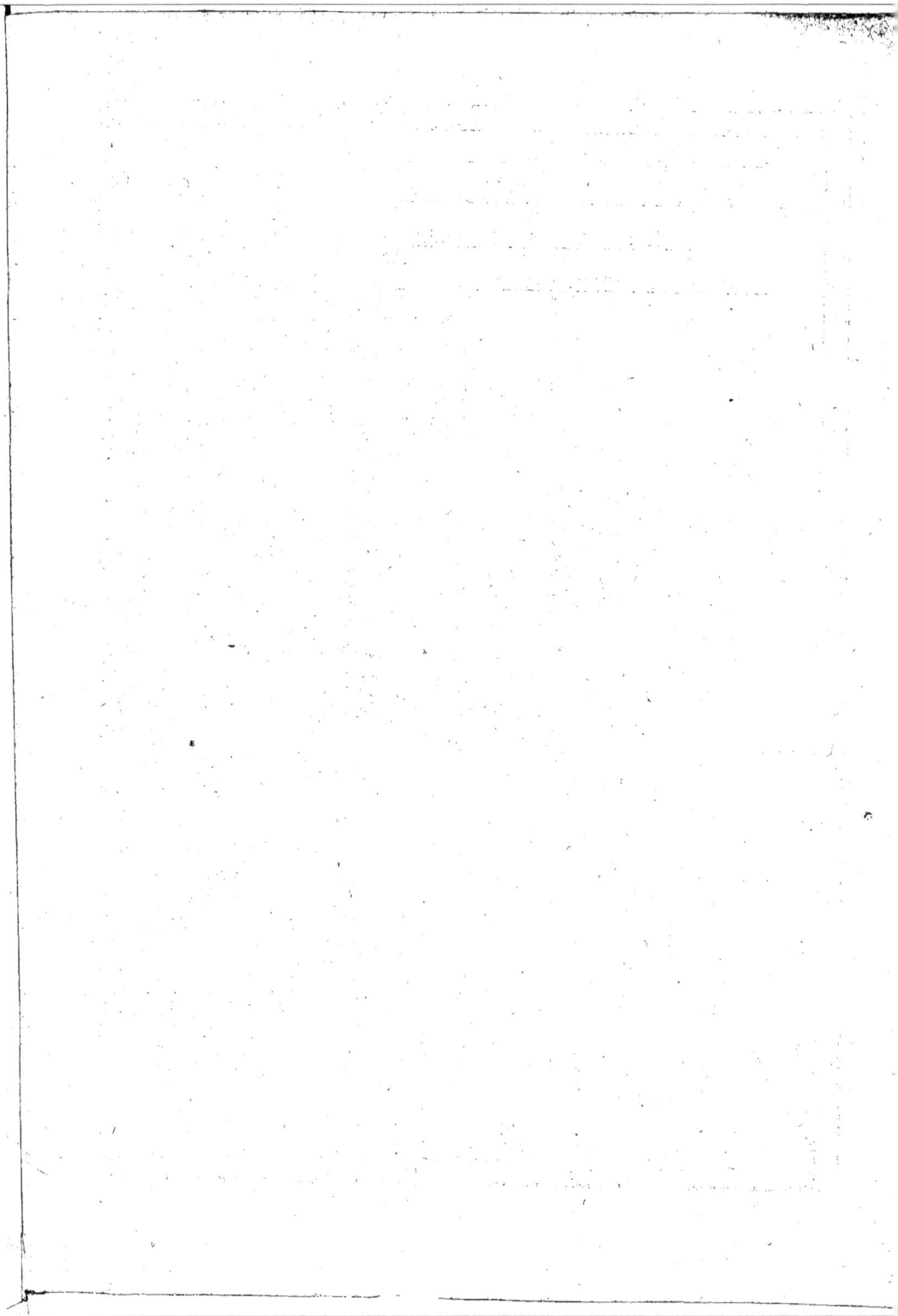

Longitude du Méridien ou de l'Isle de Fer

Lieues communes de France, de 25 au Degré

Lieues Marines, de 20 au Degré

Milles d'usage dans les Isles Britanniques, de 50 au Degré

Milles Statués d'Angleterre, de 69 ½ au Degré

LAC ONTARIO

LAC ÉRIÉ

PENSILVANIE

MARILAND

NEW HAMPSHIRE

MASSACHUZET

CONNECTICUT

Baye de Machachusset

C. Cod

OCÉAN ATLANTIQUE

CARTE
DE LA PARTIE NORD,
DES ETATS UNIS,
DE L'AMÉRIQUE SEPTENTRIONALE.
Par M. Bonne, Ingénieur-Hydrographe
de la Marine.

Longitude du Méridien de Paris

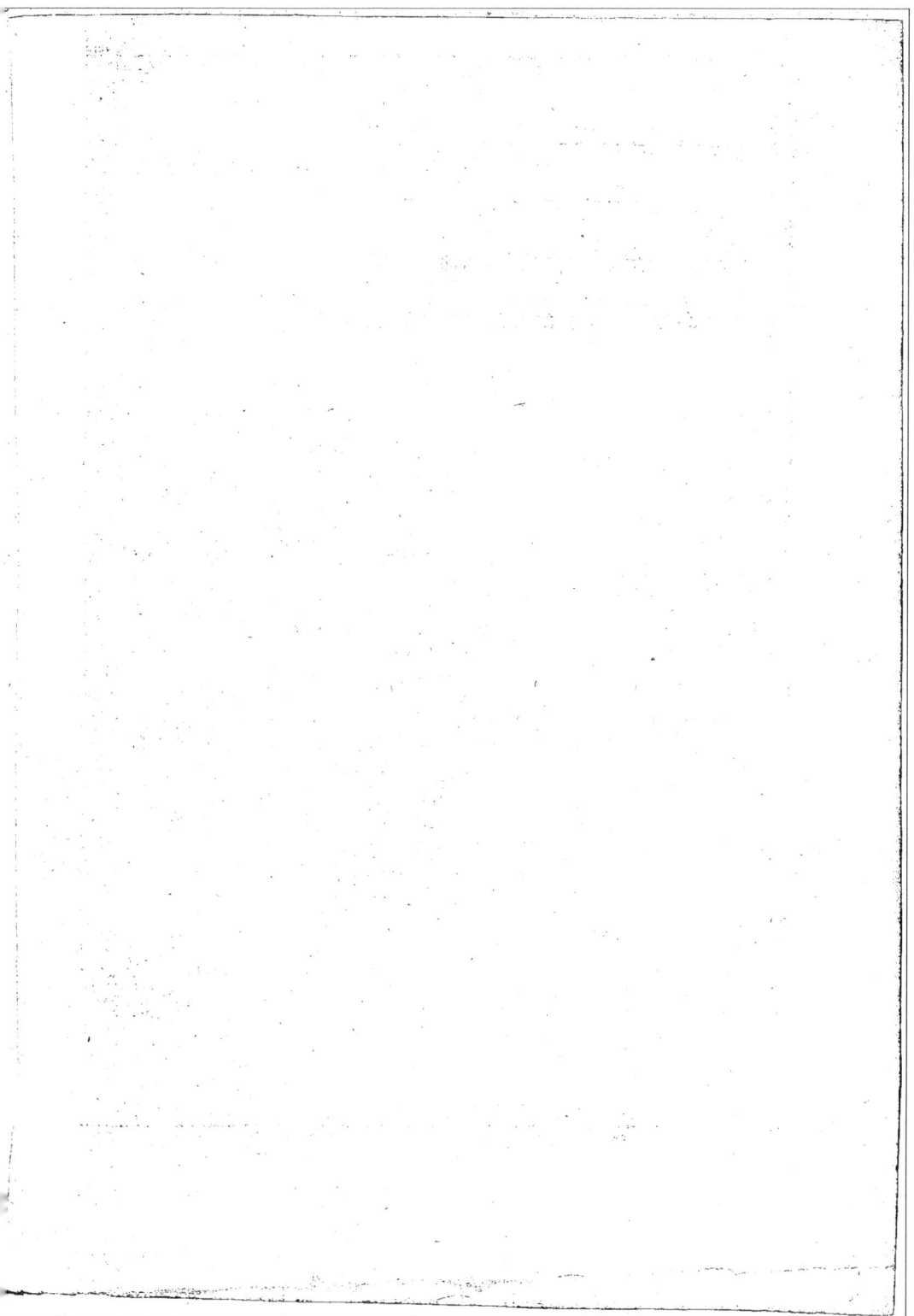

Lieues Marines, de 20 au Degré.

Lieues communes de France, de 25 au Degré.

Milles d'usage dans les Isles Britanniques, de 60 au Degré.

Milles d'usage d'Angleterre, de 60½ au Degré.

CARTE
DE LA PARTIE SUD
DES ÉTATS UNIS
DE
L'AMÉRIQUE SEPTENTRIONALE.
Par M. Bonne Ingénieur Hydrographe
de la Marine.

LES ISLES VIERGES

SUPPLÉMENT POUR LES ISLES ANTILLES,
EXTRAIT DES CARTES ANGLOISES.
Par M.ᵣ Bonne Ingenieur-Hydrographe de la Marine.
Echelle commune à tous ces Plans.

Lieues Marines de 20 au Degré
Lieues de 25 au Degré

I. DE LA BARBOUDE

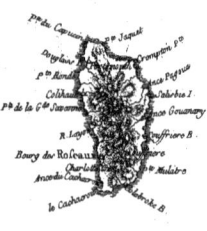

I. S.ᵀ CHRISTOPHE

I. ANTIGOA

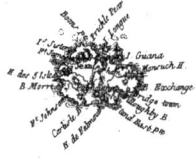

I. DE LA DOMINIQUE

I. DE SAINTE LUCIE

I. DE LA BARBADE

I. DE S.ᵀ VINCENT

I. DE LA GRENADE

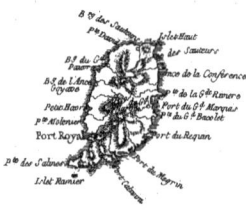

I. DE TABAGO

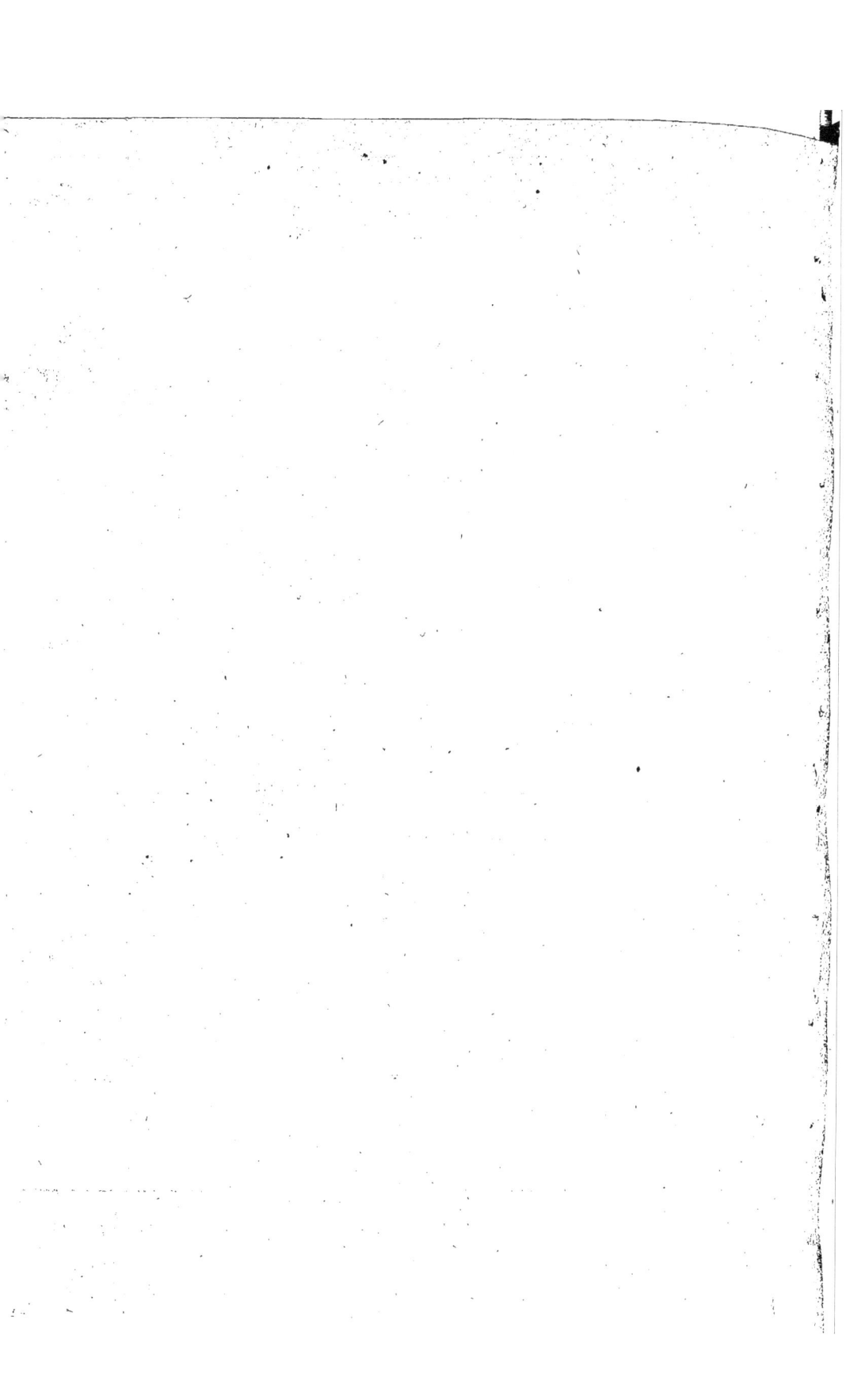